60歳から1億円をつくる シニア株式投資の極意

かんち
今亀庵
理事長
Nob
Yoshi

宝島社

はじめに

〝億り人〟の手法から自分に合った手法を見つける

年金に対する不安、退職金の減少などの理由から、老後の資産形成を始める人が増えています。2024年1月から始まった新しいNISAが従来と比べ使いやすくなったこともあり、株式投資を始めるシニア層が増えています。

本書は、これから本格的に投資を始めようとしているみなさんに向けて、株式売買の方法をまとめたものです。

どのように資産をつくるのか。みなさんと同じ**シニア世代の数億円に及ぶ資産を持つ**

〝億り人〟5人の方々に、どのように株式投資で利益を出し、資産を積み上げているのか、その手法や考え方を聞きました。

長年取引を重ね、四半世紀以上にわたって資産を積み上げてきた**百戦錬磨の投資家のみなさんの投資哲学は、投資の原理原則を表す**ものです。

2024年2月に日経平均株価がバブル期の最高値を更新し、連日ニュースで報道されるなど、世間は盛り上がりをみせました。その盛り上がりを受けて投資を始めてみよう、もしくは本格的に再開してみようと思った人もいるかと思います。一方で、その後、史上最大の下げ幅で急落する様子を見て、急に不安になった人もいるかもしれません。

本書では、そうした状況でどのように対応するか、その詳細も億り人のみなさんにお聞きしています。**いろいろな投資手法、考え方について、自分に合うと感じるものを真似することから始めてみてください。**

シニアのみなさんが、本書を通じて投資で成果を得て、億り人の仲間入りができるきっかけとなれば幸いです。

シニアトレーダー目次

Investor3

【投資が趣味と語る理論派】Yoshi

Investor4

編集協力：金丸信丈、花塚水結、榎本啓介（株式会社ループスプロダクション）
執筆協力：中野裕也
本文デザイン・DTP：竹崎真弓（株式会社ループスプロダクション）
DTP：佐藤修
イラスト：ひらのんさ

本書の使い方

各投資家の取引銘柄から銘柄選び、売買時期がわかる！

本書では、5人の投資家のみなさんの投資手法、考え方を8つのテーマに分けて紹介していきます。投資家ごとに通読したり、テーマごとに比較しながら読むことで、自分に合った投資法を見つけられるでしょう。

各投資家が語る8つのテーマ

投資スタイル
売買のやり方や投資する銘柄についてなどの、投資への取り組み方を紹介します。

取引銘柄
現在の保有銘柄に対する考え方や、ポートフォリオをつくるうえでの基本的な決まりごとについて紹介します。

判断基準
実際に銘柄を選ぶうえでの判断の基準や視点、重視する指標などを具体的に紹介します。

売買時期
銘柄を売買するタイミングや暴落時などの対処法について、意識していることを紹介します。

注目銘柄
今後、注目すべき業界や企業について、具体的な理由も含めて紹介します。

相場観
相場の動向や今後について、これまでの投資経験から成る独自の見解を紹介します。

心構え
投資と向き合ううえで意識すべきことや注意すべきことなどを紹介します。

アドバイス
これから投資を始めるシニアのみなさんに伝えておきたい売買への取り組み方などを紹介します。

Investor1

[独自の判断基準で成長企業を探す]

今亀庵

IMAKAMEAN

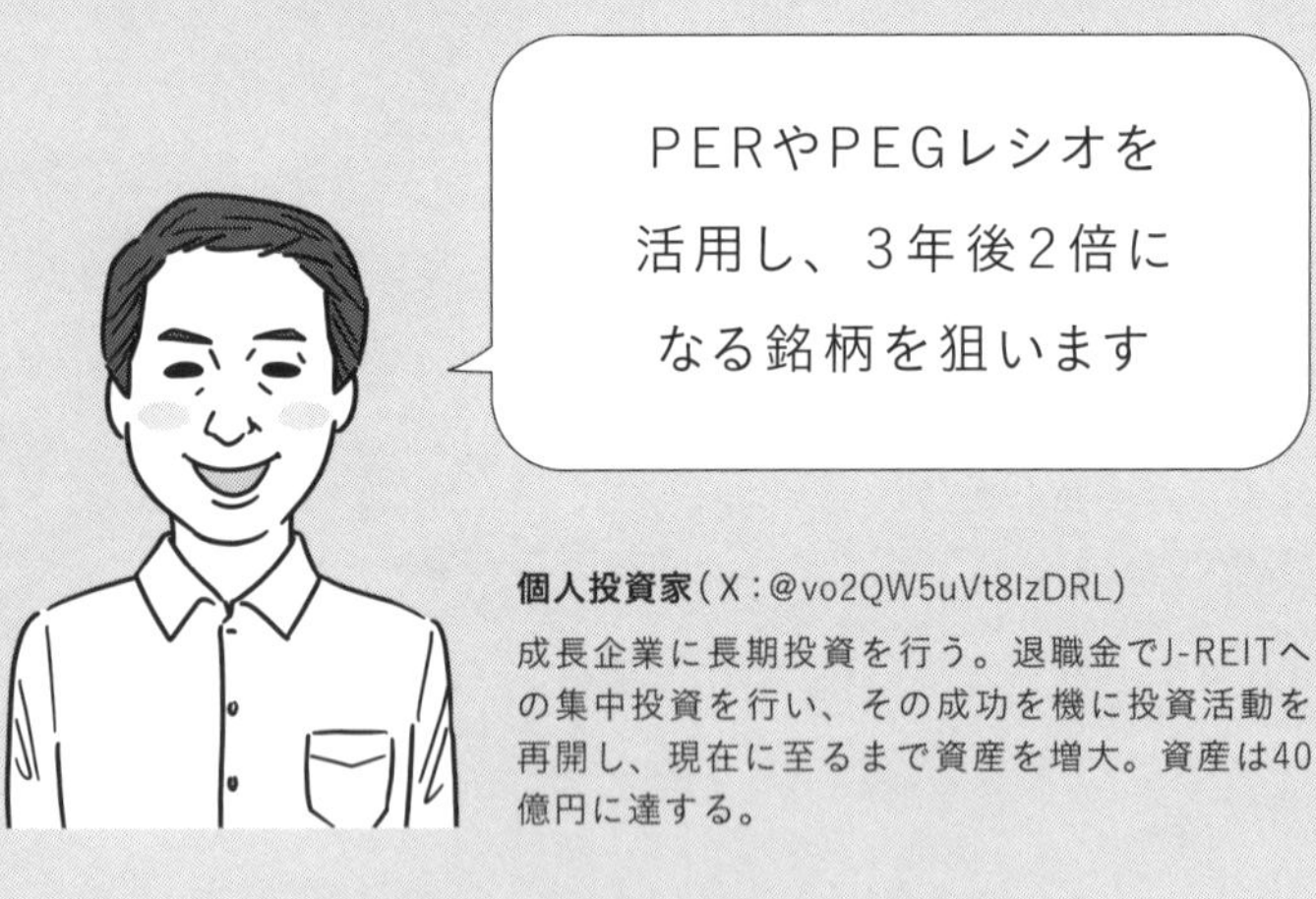
PERやPEGレシオを
活用し、3年後2倍に
なる銘柄を狙います

個人投資家（X：@vo2QW5uVt8IzDRL）

成長企業に長期投資を行う。退職金でJ-REITへの集中投資を行い、その成功を機に投資活動を再開し、現在に至るまで資産を増大。資産は40億円に達する。

3年後を見据えて投資を行っている今亀庵さん。業績の向上が期待でき、かつ割安な銘柄を選び、株価2倍を目指します。自身で確立した判断基準をもとに、小型成長株などを中心に常時100銘柄前後を保有する今亀庵さんに、利益を出すための長期投資の肝を聞きました。

投資スタイル

株式銘柄への長期投資でキャピタルゲインを狙う

□ 3年後の目標を定める

今亀庵さんは退職前より投資を行ってきた知識と経験を活かし、長期投資を中心に行っています。最近では退職金を元に投資を始める人も増えていますが、一度に退職金をすべて株式に投入するのではなく、知識を得ながら、少しずつ投資金額を増やしていくことが大前提であると今亀庵さんはいいます。

1980年代～90年代初頭のバブル期以降デフレが続いた市場ですが、**最近になってようやくインフレの傾向になりつつあります。大きな流れの転換が起きそうな今、株を始めるよいタイミングといえる**でしょう。また、NISAやiDeCoといった税制優遇制度を活用して投資ができる環境がここ数年で整備されてきたことは、初心者投資家への大きな後押しであるといえます。とはいえ、株式投資は何が起きるかわからない。そういったときにどう対処したらよいか、きちんと勉強して始めることがとても重要です。

今亀庵さんは3年後の売却益を見据えて投資を行っています。例えば、時価総額が毎年20％ずつ伸びていけば、単純計算で3年後の株価が70％アップ。さらに、株価が企業の本質的価値に比べて割安である場合、おおよそ1年に10％程度是正されていくと予想できます。この**時価総額の上昇と割安株価の是正という2つの要因をもって、3年で株価が約100％増になる見込みが持てる銘柄を見つけて売買を行う**のが、今亀庵さんの投資スタイルです。

株価ではなく買った理由をもとに売る

3年後の目標株価を見据えて長期投資を行うなかで、企業の業績の公表や、何らかの材料によって株価が急激に変化することがあります。

買うときは業績の伸びを予想して購入しますが、会社、もしくは業界に何かトラブルが起きて株価が急落することもあります。多くの人は読みが外れたときに、買値からいくら上がったか、いくら下がったかを気にしますが、そういった点は株の売買、判断には関係ありません。

重要なのは、**買った際に想定した3年間のシナリオ（買った理由）が崩れたかどうか**です。そのため、あまりにも予想外の動きが出た場合は、早い段階で損切りとして売却することもあります。しかし、3年後の目標に影響を及ぼさない程度の想定内の下げの場合は、そのまま保有し続けるべきといえます。

逆に、株価が3年後の目標とする株価近くまで高騰する状況も考えられます。そのような場合は3年を待つ必要はなく、その時点で売ればよいといえます。しかし、なぜ上がったのか、利益が予測より増えているかどうかなどをしっかりと分析して売る、もしくはそのまま保有し続けるかを冷静に判断する必要があります。

つまり、**長期投資では株価の上下に惑わされず、常に変わらない判断基準を持ち続けることが重要**といえます。

投資の肝

3年後の目標を定めて企業の成長具合によって都度、売買の判断をする

取引銘柄

取引銘柄は情報を追い切れる範囲に絞る

◘国内銘柄を中心に保有する

今亀庵さんは、国内銘柄を中心に、大きく分けて小型成長株、不動産株、円安メリット株を保有しています。相場環境に応じて保有銘柄は変わってきますが、この3つを主軸に運用を行っています。

保有株を選ぶにあたり、ニュースのチェックはもちろん、四季報オンラインを活用しています。四季報は多くの投資家の判断の基本となっているものです。投資家は、四季報の数字をもとに、今後の業績を分析し、売買の方針を決めているのです。今亀庵さんが活用している**四季報オンラインにはスクリーニング機能があり、自分の決めた条件に合致する**

四季報オンラインでスクリーニングした例

☑ **時価総額が大きい順に全企業を並べ替え**

	コード	銘柄名	市場	東洋経済業種細分類	株価(円)	前日比(円)	当日(%)	時価総額(億円)
1	7203	トヨタ自動車	東P、名P	自動車(完成車)	2,500.5	-17.6	-0.70	397,717.78
2	8306	三菱ＵＦＪＦＧ	東P、名P	銀行(全国展開)	1,433.0	+115.0	+8.72	162,611.02
3	6758	ソニーグループ	東P	AV・家電	12,305.0	-10.0	-0.09	153,767.[illegible]
4	6861	キーエンス	東P	電子計測制御機器	62,470.0	-30.0	-0.05	152,004.80
5	6501	日立製作所	東P、名P	総合電機	3,283.0	+139.0	+4.42	145,773.74
6	9432	ＮＴＴ	東P	総合通信会社	148.8	+2.9	+1.98	132,112.91
7	9983	ファーストリテイリ	東P	カジュアルウエア小売り	39,060.0	-260.0	-0.67	125,124.48
8	6098	リクルートＨＬＤ	東P	求人情報・人材紹介サービス	7,779.0	+197.0	+2.59	125,091.01

出所：会社四季報オンライン

企業をすぐに探し出すことができます。例えば、「来期は20％以上業績が伸びる予想の企業だけを表示する」「ＰＥＲが低い順に表示する」などのように使うことができます。銘柄分析の際に時間を短縮することができる非常に便利な機能です。

ただ、別途、国内外の経済状況や今後伸びる業種など、日々のニュースをチェックすることも必要不可欠です。

資産が増えるのにあわせて保有銘柄数が増え、現在は１００銘柄ほどを保有しています。株価に大きな変動があった企業は理由となる材料を調べて、重視しているいくつかの指標をもとに分析。これを繰り返していると買いたい銘柄が増え、場合によっては150銘柄ほどになることもあります。

▫銘柄選びでは分散投資を意識する

投資では、集中投資と分散投資どちらがよいのでしょうか。今亀庵さんは、**リスクを分散することが重要なので分散投資がよい**といいます。もちろん、絶対にこの企業の業績が伸びるという根拠となる情報があるのであれば、資金を集中させることも否定しません。

退職以前から投資経験のあった今亀庵さんが退職後に2000万円を投資に使ったのは、2008年のリーマン・ショックの直後の時期でした。世界的に株価が暴落するなかで、同様に暴落していたいくつかのJ－REITが超高水準の利回りになっていることに気がつき、いくつかの観点からの分析の末に、それらの数銘柄に2000万円を集中投資しました。これは結果的に大きな資産増加につながるのですが、そもそも持っていた知識と経験によって実現した判断になります。集中投資をする際は、根拠となる材料を明確にしたうえで冷静に判断することが重要です。

□ 3カ月に1回保有銘柄を見直す

今亀庵さんは**100を超える保有銘柄をエクセルで一覧にして管理**しています。株価や配当金、PER、PEGレシオなどの数値を目安に今後の成長を分析し、売買を行っているのです（20ページ参照）。四半期ごとの決算書が出る**3カ月に1回、そのときの数値や指標、四半期決算、適時開示情報などをもとに今後の業績を予測して、保有銘柄を残すか、売却するかを判断**しています。

今亀庵さんは100以上の銘柄を保有していますが、保有銘柄数の多さに比例して分析する時間も増えます。保有銘柄の分析、管理がしっかりできなければ、損をすることにつながってしまいます。分析にどれだけ時間を使えるかが、保有銘柄数を決める上で重要となるのです。保有銘柄数は自分の管理できる範囲に絞るべきでしょう。

投資の肝

保有銘柄の状況を可視化し成長が期待できる株を保有する

判断基準

今後の成長性の指標をもとに割高・割安を判断する

PERで企業の収益率を確認する

株式投資の判断基準として活用されるPER（株価収益率）。企業が1株あたりの資金でどれくらい利益を出せているかを示すものであり、今亀庵さんも例に漏れずこの指標を重要視しています。

今亀庵さんがPERを重視している理由は、**割安かどうかを判断するのに最もシンプルでわかりやすく、客観的なデータとして信頼できるもの**であるからだといいます。

今亀庵さんは投資初心者が銘柄を購入するときにやってしまいがちなこととして、チャート上で値段が前よりも下がっている＝今は割安だから買ってしまおう、ということ

PERの考え方と比較方法

PER ＝ 株価 ／ 1株あたり純利益

A社	B社	C社
3600円	5000円	4000円
300円	250円	400円
PER 12倍	PER 20倍	PER 10倍
		最も割安！

を挙げています。

銘柄を買う際には一見問題ないことのようにも思えますが、これは正しい「割安・割高」の考え方ではありません。

割安・割高とは、その銘柄の成長力や収益性を加味した上で現在の株価がどれくらい買い得なのかを示す指標です。チャート上で前よりも株価が上がったから割高、下がったから割安という単純な測り方ではないのです。

□投資する価値を数値で確認する

PERは、こうした割安・割高の感覚を数値にして可視化してくれるものでもあります。企業に今どれくらいの稼ぐ力があって、投資をすることでどの程度稼いできてくれるのか。今の企業にどれくらい投資をする価値があるのか。**今の株価で十分稼いでくれそうならば「割安」、今の稼ぐ力に対して株価が高すぎるなら「割高」**という具合に、銘柄の「お得感」を示す指標です。

今亀庵さんは、非常にわかりやすい指標としてPERの確認を行うことを推しています。

一般的には15倍が適正値、10倍以下なら割安、20倍以上なら割高とされています。ただし、PERは業界によって平均値が異なるため、セクターごとの平均値を把握しておきましょう。

◘ PEGレシオから割高・割安を判断する

一方で、今亀庵さんはPERの効果が及ぶ範囲には一定の限界があるといいます。そのため、別の指標を用いて銘柄の分析を行っています。それがPEGレシオです。

PEGレシオとは、一般的に企業の中期的な利益成長率の見通しを加味したうえで株価が割安か割高かを測る指標であり、「今期予想株価収益率（PER）」を、「1株あたり予想利益成長率」で割って求められます。

今亀庵式PEGレシオの求め方

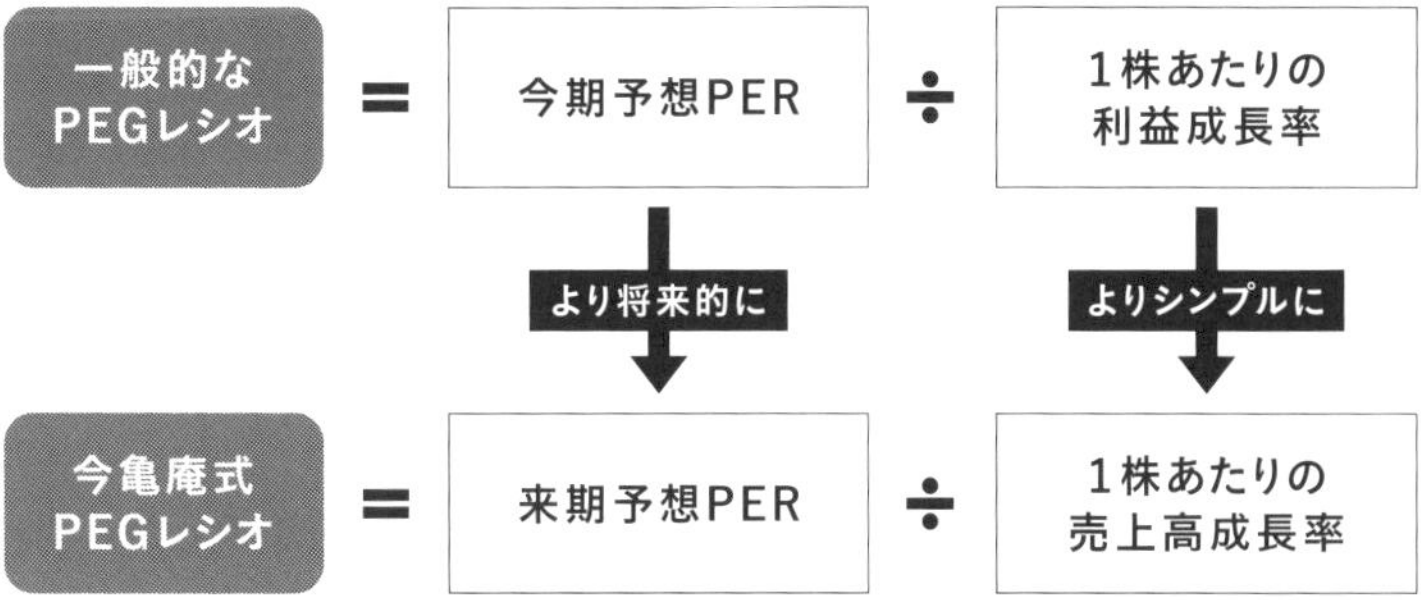

成長性は高いが株価が低い場合はこの数値が低く算出されて、お買い得となります。つまり、この数字は低いほど割安といえます。一般的に、1倍以下で割安、2倍以上だと割高と判断されます。

PERが「今の株価」の割安・割高を判断する指標であるのに対して、**PEGレシオは「将来の株価」が割安か割高かを測る指標**です。これを用いることで、将来の成長の動きもある程度取り入れることができ、見通しも立てやすくなるでしょう。

今亀庵式PEGレシオで判断する

ただし今亀庵さんは、このPEGレシオをそのまま使うことはせず、2点の改良を施し、自己流にアレンジして活用しています。

ひとつ目は、予想利益成長率を「売上高成長率」

に置き換えることです。利益自体はコストカットをすれば多く計上されますが、売上高は純粋なビジネスの成果を表したものであるため、よりシンプルに企業の競争力を測ることができるのです。

2つ目は、予想PERを今期の数値ではなく来期の数値にする、ということです。これについて今亀庵さんは、今期予想PERはすでに投資家たちの目に触れられており、その影響が株価に反映されている可能性が高いためだと述べています。

つまり、**「今亀庵式PEGレシオ」は「来期予想PER」を「1株あたりの売上高成長率」で割る**ことで求めることができます。例えば、ある企業の来期予想PERが10倍で、予想売上高成長率が10％とすれば、PEGレシオは1となります。売上高成長率が20％だとすると、PEGレシオは半分になって0・5となります。

今亀庵さんは、この今亀庵式PEGレシオが1倍以下の銘柄を割安株として、これを中心に投資を行っています。

ただし、PEGレシオもPER同様、業界によって平均値が異なります。セクターごとの平均値を把握しておき、あくまで一般的な指標として1倍以下が割安であるということを認識しておきましょう。

企業別・今亀庵式PEGレシオの例

銘柄名	コード	市場	来期予想PER	売上高：億円（2024年3月期）	売上高成長率	今亀庵式PEGレシオ
西武ホールディングス	9024	プライム	27.54	4775	11.46	2.40
リソルホールディングス	5261	プライム	15.83	257	16.57	0.96
ソニーグループ	6758	プライム	15.30	130207	18.65	0.82
三菱重工業	7011	プライム	23.00	46571	10.81	2.13
野村不動産ホールディングス	3231	プライム	9.24	7347	12.22	0.76
東急不動産ホールディングス	3289	プライム	9.67	11030	9.66	1.00

また、今回紹介したPERやPEGレシオなどは、銘柄が割高・割安かを判断する材料にはなりますが、これらは相場の展開などにより変動し続けるものです。鵜呑みにしすぎるのではなく、売買の判断基準のひとつとして捉えておくことが重要です。

投資の肝

独自の指標を活用して銘柄の割安・割高を理論的に判断する

売買時期

売るときも買うときも明確な目標を持っておく

□当初の見立てとズレが生じたら売る

「投資スタイル」（13ページ参照）の項目で述べた通り、今亀庵さんは基本的に3年後に2倍になっていることを見据えて投資しています。今亀庵さんは「3年が勝負」といい、PEGレシオなどを用いて3年スパンの業績予測を立て、ゴールまでの株価の上下は基本的に気にせず銘柄を購入しているのです。

ただ、状況によっては売却することもあります。そのタイミングは、「**予測が外れて大きく下落したとき**」と、「**目標値を達成したとき**」の2つです。

今亀庵さんは銘柄を購入するとき、四季報などからわかる過去データや、直前に紹介した今亀庵式PEGレシオなどをもとに「この会社は売上利益が毎年20％増えている」というように予想して購入を決断しますが、企業や業界にかげりが差して売上の急落に遭遇することもあります。

そうしたときは、買ったときより下がっていても、迷わずすぐに売却してしまうといいます。

金融資産の売却理由のひとつに、「買ったときの理由がなくなったら売る」というものがあります。**読みが外れたときは、早急に手を引くことを徹底**しています。

ゴールはあくまで〝目標値を達成〟すること

株価が急落することがある一方で、急激に上がることもあります。その結果、今亀庵さんが3年間で達成しようとしていた目標値が達成されることもありますが、その時点でも売却してしまいます。**ゴールはあくまで目標値に達すること。**それが達成できていれば、想定した保有期間が残っていても保有している必要はないと今亀庵さんは考えています。

ただし、株価が上昇した明確な理由があれば、売却せずに持っておくこともあるといいます。

一般的に株式公開買い付け（ＴＯＢ）や配当金増額のニュースがあると、その銘柄は株価が上昇します。その熱が一過性のものなのか、それとも業績に裏打ちされたために株主還元の気運が高まり、長期的に企業と株主の利益になるものなのか。そのあたりを因果関係から見極め、長期的な利益になると判断すれば保有し、その熱気が長く続かないと判断すれば売却しています。

いち早くこうした情報を知るツールとして、**適時開示**があります。証券取引所に上場した会社に義務づけられた制度で、企業の業務や運営、業績などに関する情報が証券取引所のホームページにある「適時開示情報閲覧サービス（ＴＤｎｅｔ）」に公表されるため、投資判断の材料として活用できます。

◘底と天井を見極める

株価チャートを見て天井と底を見極め、そのタイミングでそれぞれ売却、購入するというのは、熟練者でもかなり難しいものです。

今亀庵さんは、天井や底周辺につくか、つかないかの緊迫した状況下では取引しないといいます。例えば、５００円で買った銘柄があるタイミングで１０００円になった後、９

6758 ソニーグループ　日足

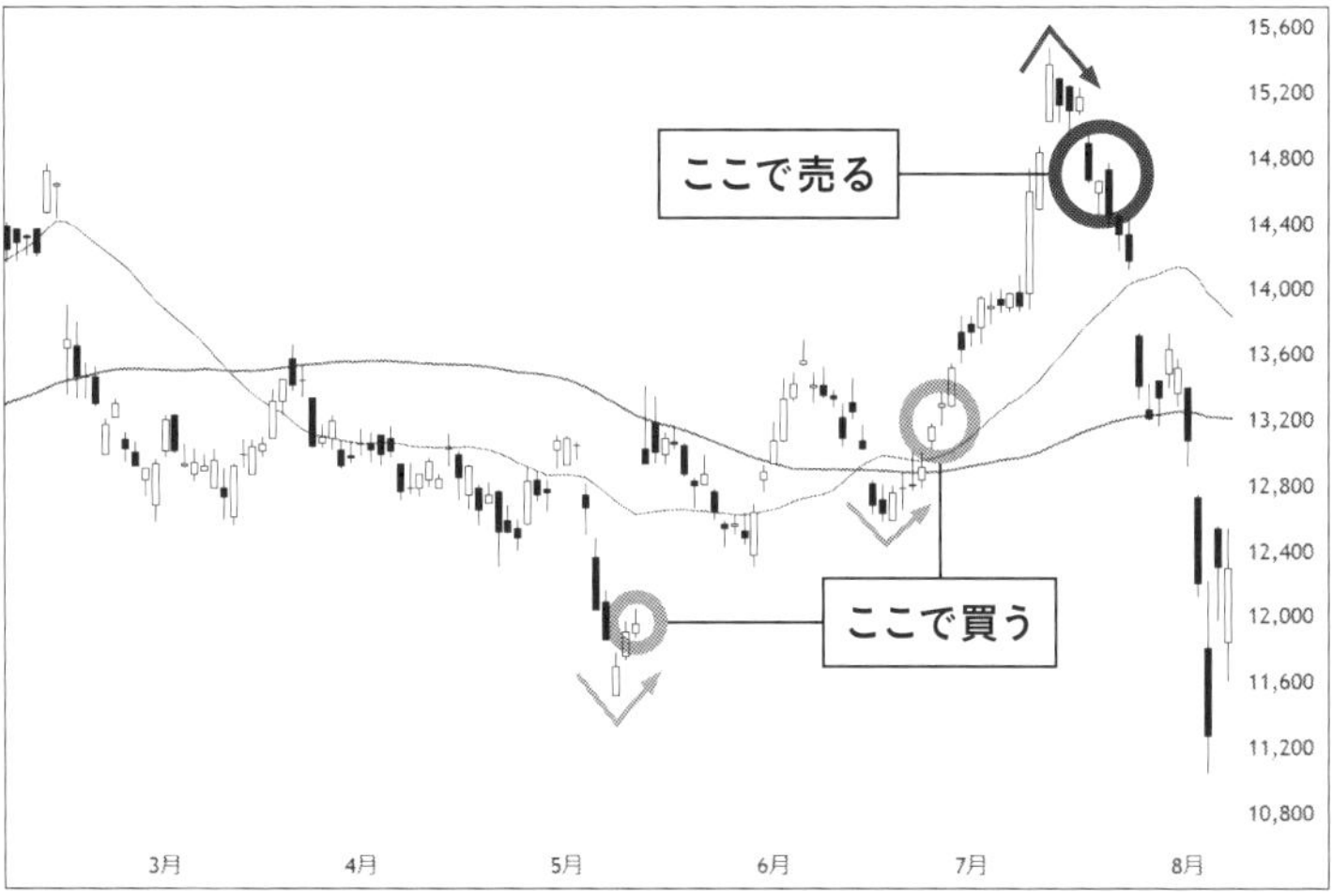

出所：TradingView

５０円程度で落ち着き始めたとします。

このとき今亀庵さんは、１０００円で売るということはしません。株価が上がっている間は、どこまで上がり続けるのか、または急に価格が下がるかどうかということはわからず、値動きが不安定だからです。

その後すぐに１０００円から値段を下げて、９５０円台に推移したとします。今亀庵さんはここでも慎重にタイミングを待ち、**やっと安定したところで攻める**といいます。

図はソニーグループの6カ月分の日足チャートです。２０２４年5月半ばから6月半ばにかけて、株価が3回下落してはもとの水準に戻り、その後大幅に上昇して、急速に下落しています。

今亀庵さんの手法に照らせば、図で示した矢印の上向きに折れ曲がっているところでは買わず、矢印の下向きに折れ曲がっているところでは売らないということになります。

いずれも、**少し時間が経過した丸の部分で取引をする**ことを徹底しています。

□「頭としっぽはくれてやれ」

今亀庵さんはある程度投資の経験があるため、取引の多い銘柄などではなんとなく今後の値動きが想定でき、上がり始めたところで売ることもあるそうですが、基本的には落ち着くのを待って売るといいます。

銘柄を買うときにも同様のことがいえます。下がってきたところで買うと、さらに下がるリスクと近しい距離にいることになるのです。底をついたと思ったところのさらに先を見据える。そこで株価の動きが落ち着けば、下落のリスクを比較的抑えて投資できます。

株価が下がり続けている間は買わずに待ち、なんとなく上がり始めたところや値動きが落ち着いてきたところで買います。

投資の世界には「**頭としっぽはくれてやれ**」という有名な格言があります。チャートの天井を頭、底をしっぽとして、その2つのタイミングで取引するのは至難の業だから、その周辺で取引することにしたほうがよいという意味の言葉です。

投資歴50年超の今亀庵さんも、これを徹底することで着実に利益を得ています。

□短期間の価格の動きにこだわりすぎない

こうした理由から今亀庵さんは、保有している銘柄が下落したとき、その銘柄の平均購入価格を下げるためにさらにその銘柄を買い増しする「ナンピン買い」に関しては、投資初心者には推奨していません。

一度天井や底をついた後、株価の振れ幅が小さくなってきたところで売買する。最初はあまり深追いせずに、「**ここらで買えれば／売れれば御の字だ**」という楽観性を持って取引してみましょう。落ち着いたトレードをすることで、着実に投資の経験を重ねることができます。

投資の肝

時期を見極めて買い、目標達成時やズレが出たときは売る

注目銘柄

今亀庵さんが注目する3つの分野の銘柄

□円安でメリットを享受する銘柄

今亀庵さんはおおよそ100銘柄を保有しています。個人投資家としての保有銘柄数は多いですが、投資傾向は大きく分けて**3つの分野に絞られて**おり、分野自体は集中投資、分野のなかで企業を分ける分散投資という方針をとっています。

ひとつめの分野は、**円安で有利になるインバウンド業や輸出産業**です。

現在の日本経済は、バブル期以降30年ほど続いたデフレに脱却の兆しが見え、インフレへと転じかけてきました。そこへ円安が急速に進行したこともあり、2024年1〜5月の訪日外国人観光客数はいずれも、過去5年間で最高と推計されています。

過去4年間の訪日外国人観光客数

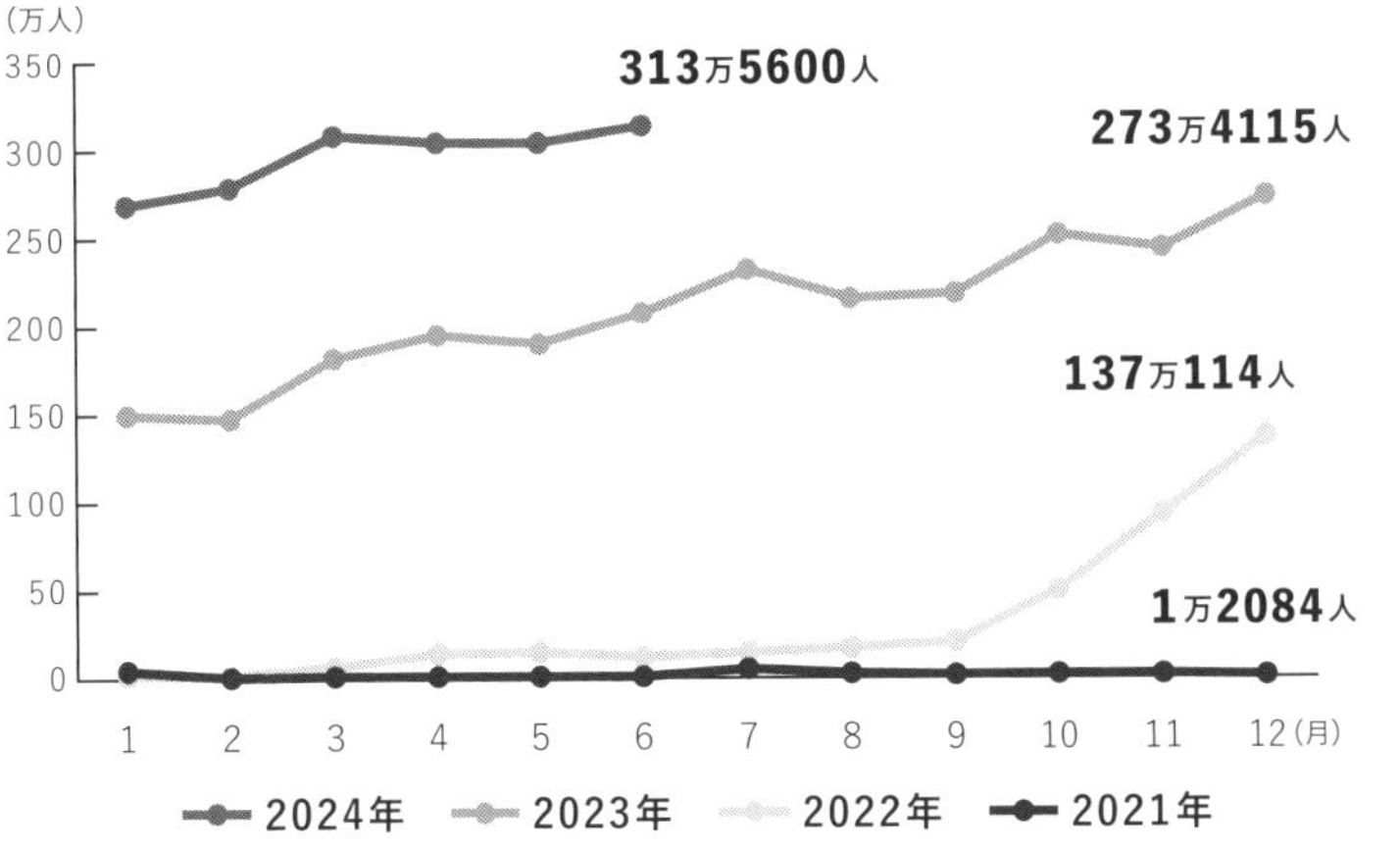

出所：JTB総合研究所

日本は海外からの観光客需要が非常に高い状態にあり、今亀庵さんは今後もしばらく同じような状況が続くと考えています。

そこで今亀庵さんはまず、各観光地に宿泊施設を展開する**ホテル系**の株を注目銘柄として取り上げています。例えば、コンフォートホテルを全国に展開するグリーンズ（６５４７）や、不動産関連事業を広く展開するウェルス・マネジメント（３７７２）、ラグジュアリーホテルなどを展開するツカダ・グローバルホールディング（２４１８）などが挙げられます。

円安時に有利になる輸出産業の銘柄も欠かせません。今亀庵さんはそのなかでも、特に**半導体関連**の銘柄を推薦しています。

パソコンやスマートフォンの回路、電子レンジや冷蔵庫など、日常に近しいあらゆる電化製品に用いられている半導体は、近年の飛躍的なAI技術の発展によって需要が増加しています。半導体の質がAIの性能に直結するため、高性能な半導体を大量に生産することが求められるからです。

AIを除いても、半導体は生活を支える製品の核といえるでしょう。この先の需要は拡大しこそすれ、急激に落ちるとは考えにくいです。今後も持続的に成長していくと予想されるため、投資する価値も大きいです。

今亀庵さんが注目している半導体関連企業は、ブイ・テクノロジー（7717）やエスケーエレクトロニクス（6677）、フェローテックホールディングス（6890）などです。また、NEXT FUNDS 日経半導体株指数連動型上場投信（200A）のようなETF（上場投資信託）にも注目しています。

◘周期を迎えた造船ブームに注目

今亀庵さんはほかにも、食品や中古車の輸出を行う銘柄も候補として挙げており、そのなかでも特に**造船関連**銘柄に注目しています。

船は機械設備や内装設備と同様に経年劣化するものであり、およそ10～15年が減価償却の期間であるとされます。つまり、船は15年前後を目安に新調する必要があるのです。そして、前回造船が盛んに行われた時期がリーマン・ショックの頃、２００８年前後です。

16年が経過した２０２４年の造船関連銘柄は、**周期を迎えて動きが活発になっていると同時に、円安による国際競争力も組み合わさったものとして投資家の間でブーム**になっています。

具体的な銘柄としては、造船業では名村造船所（７０１４）や三井E&S（７００３）などが、船舶リース業ではFPG（７１４８）やジャパンインベストメントアドバイザー（７１７２）などが挙げられます。

◘ 不動産関連銘柄に注目

２つめは、**不動産業界の銘柄**です。

投資家たちの意見のなかには、金利上昇の局面では景気の引き締めが企図されているため、比較的借入金額が多い不動産業界は開発投資のためのさらなる借入がしづらくなり、

不動産価格指数の推移

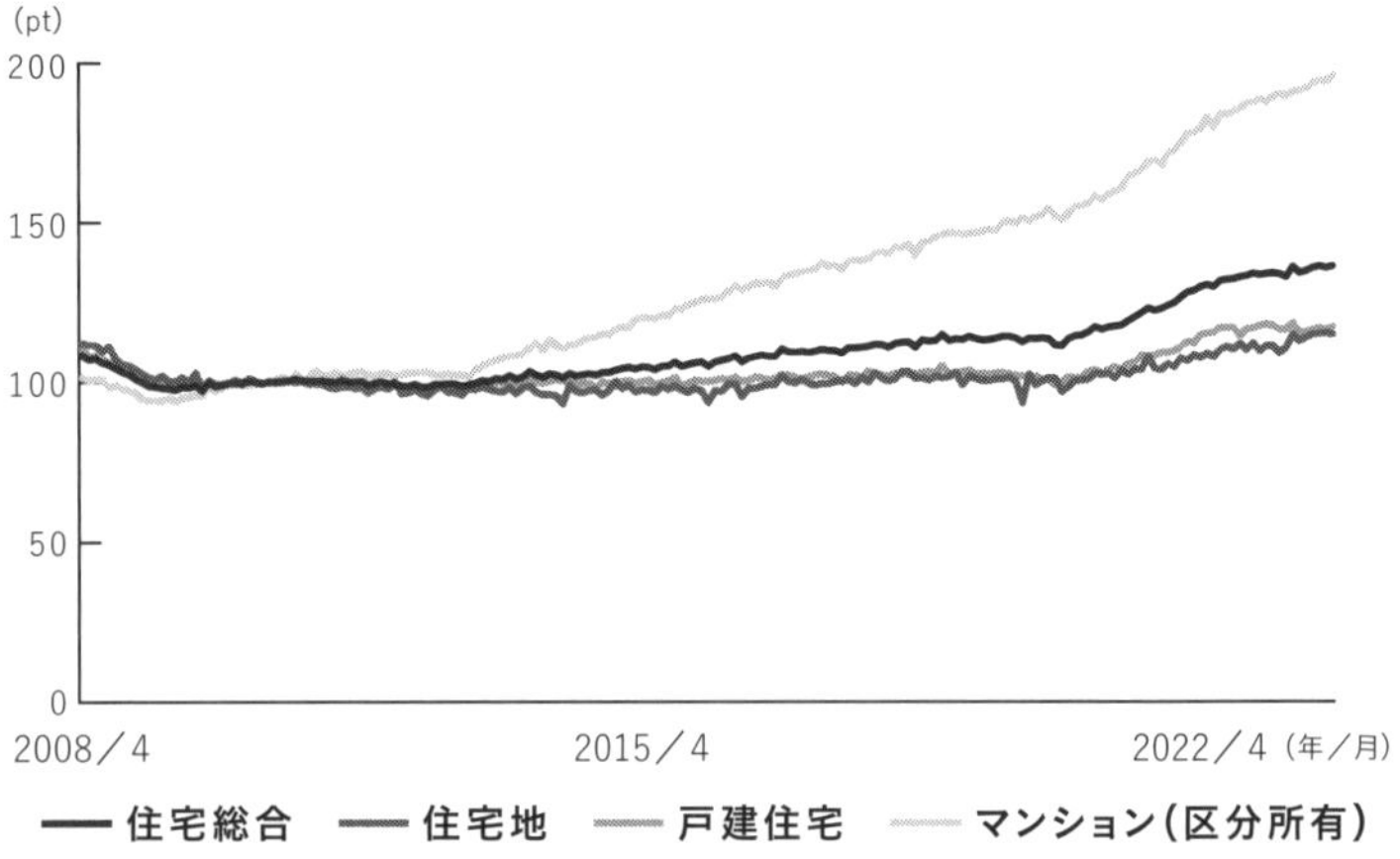

出所：国土交通省　不動産価格指数

経営が厳しいのではないかという向きがあります。

しかし、景気の引き締めを行うということはインフレしているということ。

今亀庵さんはインフレについて、「**基本的にはなんでも価格が上がる時期**」と解釈しています。物価が上がり、給料も少しずつ上がる時期と考えています。

日本のインフレ率は２０２１年の中盤以降に上昇に転じたのち、若干の浮き沈みはありつつも上昇を続けています。

図は不動産価格の推移を示しています。ほぼ横ばいに推移したのち、２０２０年を起点に上昇率がゆるやかに上がっていることが見て取れます。１年ほどの差はあるにせよ、インフレ率とほぼ連動しており、インフレで上昇するのは不動産の価格も例外ではないことをデータが証明しているといえるでしょう。

さらに今亀庵さんは、不動産の値動きは株価よりも遅れて市場に反映されるという性質も指摘します。

株式のほうがはるかに換金性に優れていますが、不動産は5年以上の長期保有をすることで、資産を譲渡した際に得た譲渡所得にかかる税金が抑えられる、長期譲渡益優遇制度が適用されます。それを狙って換金を遅らせることがあります。

つまり不動産は、**インフレ局面でのゆるやかな価格上昇を踏まえて、将来的な伸びを期待する長期保有向けの資産**ともいえます。

そんな不動産を取り扱う不動産関連企業の銘柄は、市場の評価の一種であるPERやPEGレシオがそれほど高くないため、割安で買えることも特徴のひとつです。

PERが低いということは割安であることを示す反面、収益率も大きくは望めず、投資家の人気もあまり高くないという可能性があることを示唆するものでもあります。

しかし今亀庵さんは、現状の評価だけでなくそれを取り巻く環境を考慮し、非常に割安であることを踏まえて十分投資する価値があると読んだうえで、投資を行っています。

グロース市場の小型株

コード	銘柄名	業種	PER
2160	ジーエヌアイグループ	医薬品	15.9
7347	マーキュリアホールディングス	証券業	8.82
5027	AnyMind Group	情報・通信	56.88
7061	日本ホスピスホールディングス	サービス業	13.44
9552	M&A総合研究所	サービス業	33.83
156A	マテリアルグループ	サービス業	11.61
9341	GENOVA	サービス業	14.34
212A	フィットイージー	サービス業	18.41

出所：楽天証券

東証プライム上場銘柄のうち不動産銘柄は51件あり、そのうち半数以上はPER適正値の15倍を下回っています（2024年8月1日時点）。例えば、サンフロンティア不動産（8934）やレーサム（8890）、LAホールディングス（2986）といった有名銘柄でも、PERは10倍以下です。また、東急不動産ホールディングス（3289）や住友不動産（8830）など大型株も10倍前後にあり、割安で投資できるといえます。

■グロース市場の小型成長株に注目

そして3つめの軸が、主に**グロース市場で取引される小型成長株**です。

東証の「資本コストや株価を意識した経営」への対応指示を受けて以降は大型株や高配当株を適宜取り入

れたものの、依然として今亀庵さんのポートフォリオの3分の1を占めています。かつ、これからグロース株の時代が再来するともにらんでいます。

特に、ジーエヌアイグループ（2160）やマーキュリアホールディングス（7347）、などといったグロース株は、グロース市場に上場している小型成長株として適格な銘柄であるといえます。

これから先、グロース株の時代が到来することに期待して、そういった銘柄をあらかじめ長期保有しておくこともひとつの選択肢であるといえます。

投資の肝

円安メリット株、不動産、グロース市場の小型成長株が狙い目

相場観

自分基準ではなく市場基準で相場の先を読む

□自分基準で銘柄を評価しない

今亀庵さんは、四季報の数字や経済状況を主な判断基準として銘柄を選んでいます。四季報の数字は、多くの投資家が基準としていますが、四季報だけでは分析しきれないこともあります。そこで、日々のニュースで話題になるテーマや経済状況をもとに、将来性があるかを分析しているのです。

四季報だけに頼らず、ニュースで情報を得ることがとても重要になります。企業の決算書はもちろん、日々企業から公表される適時開示情報は株価に大きく影響する可能性が高いといえます。長期投資では、常にチャートを見る必要はありませんが、重要な情報を必ずチェックして、判断のタイミングを見誤らないようにする必要があります。

今亀庵さんが投資初心者の人と話していて不思議に思うことがあるといいます。それは、**その銘柄を買った理由がとてもあやふやである**ということです。

□投資に「なんとなく」は厳禁

例えば、「1000円で買った株が700円まで下がってきているのですが、どうしたらよいでしょうか」といった相談をされることがあるそうです。株価は「値段」よりも、どういう「**動き**」をしているのかが重要。この会社が今後期待できるから1000円でも安いと思って買ったのなら、もっと割安になっているから持ち続けたほうがよいのではと考えられます。

しかし、実際なぜその銘柄を買ったのか聞いてみると、「**なんとなくよい動きをしていたから**」という答えが返ってきたことがあったそうです。それは買い方、選び方の判断が間違っているといえます。

自分の感覚における「なんとなく上がりそうだ」という予測より、企業が積み上げてきた利益こそが事実です。企業は何の根拠もなく利益を伸ばしたりはできません。すなわ

日経平均株価　月足

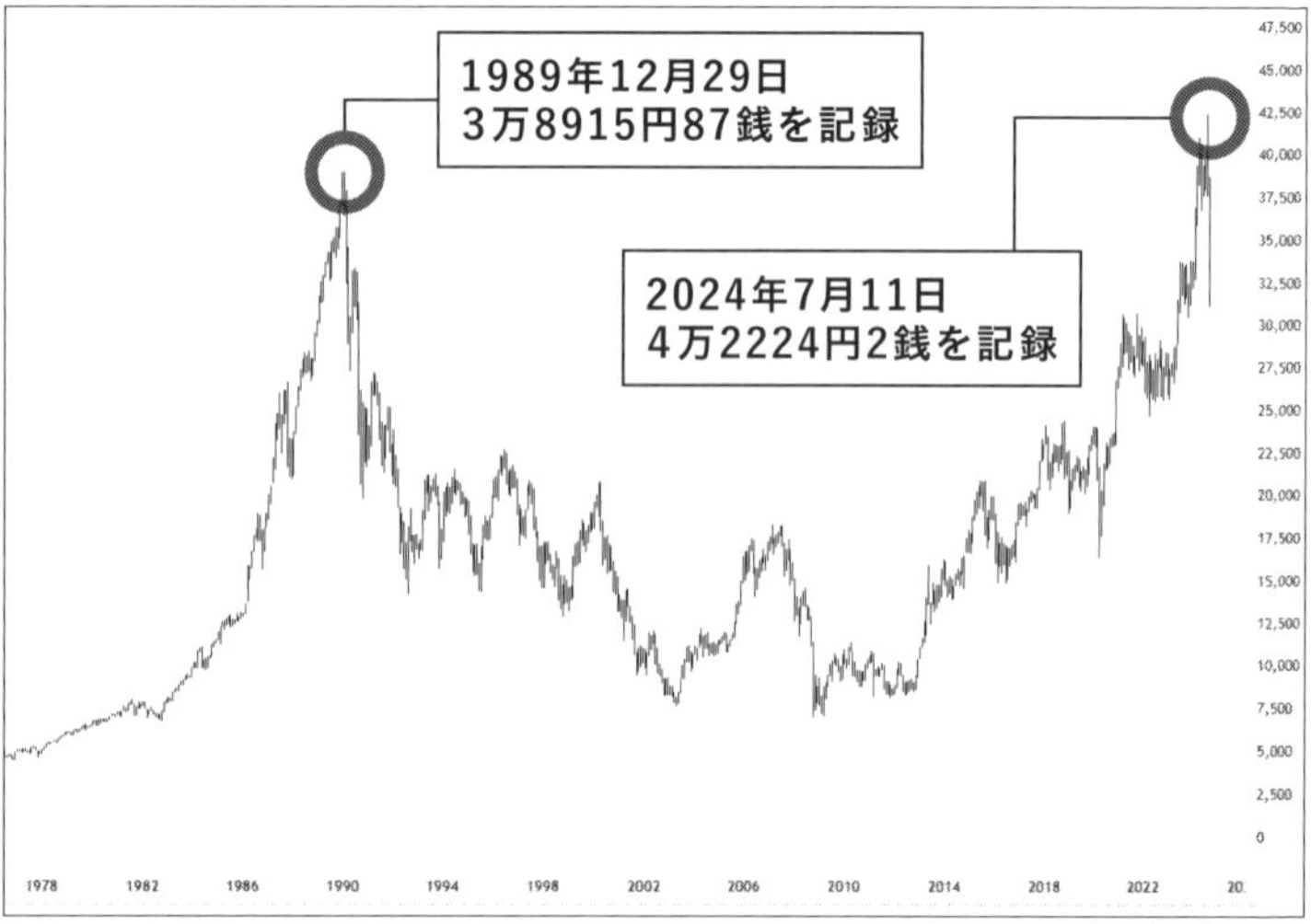

出所：TradingView

ち、**何の根拠もなく株価は上がらない**ということです。なぜ企業の業績が上がり続けているかを確認しなければ、リスクが増すばかりです。

□過去から今後を予測する

今亀庵さんは、5年後の日経平均株価は10万円くらいまで上がるのではないかと予想しています。その根拠は、バブルがはじけたときの状況と近いからだといいます。

1990年に日本経済のバブルがはじけてから30年以上ずっとデフレと円高の時代が続いてきました。最近になってようやく、インフレと円安の傾向に転換し始めていて、デフレの時代は終わろうとしています。日経平均株価は2008年のリーマン・ショックで最安値をつけた後、上昇トレンドが継続しており、2024年2月22日にはバブル期の最高値を更新しています。それだけでなく、およそ2週間後の3月4日には終値が史上初の4万円台に乗り上げました。

短期的な上がり下がりの波もありますが、それでも長期的に見れば上昇しています。円高と低金利政策の影響によって上昇したバブル期のそれとは異なり、現在の株価上昇はアメリカ市場の影響はありつつも、純粋な企業の競争力が上昇していることやそれに目を付けた海外投資家からの投資、インフレを促す目的で施行されたマイナス金利政策の解除など、**経済の実態に見合ったもの**であるといえるのです。

大きな流れの転換によって上昇した日経平均株価上昇は、それでもなお天井ではなく上がり続けるのではないか、というのが今亀庵さんの予測です。

投資の肝

「勝つ」投資は
客観的データにもとづく
適切な情報収集から

心構え

楽観的な姿勢で平常心を保って投資を続ける

■負けを悲観しすぎない

今亀庵さんは、人間には悲観主義の人と楽観主義の人がいて、**投資家として儲けが出せるのは楽観主義者**だと話しています。株を買うという行為は、日本の経済やその企業の業績がこれから向上すると信じて行うものだと考えているからです。

株価が下がることを前提として株を買う人はいません。それは言い換えれば、**これからその企業や業界がさらに発展すると信じている**ということでもあります。楽観主義的な人の場合、一時的に株価が下落したとしても、動じずにより長い期間での傾向を考えることができ、信じて待つことができます。

しかし、悲観主義的な人の場合、自分の選んだ企業に対して自信が持てません。そのため、多少でも自身の持つ株が下落の傾向を見せると、その時点で怖くなり、売却してしまうことが多い傾向にあります。いわゆる「**狼狽売り**」です。結果的に損はせずとも、儲けることは難しいでしょう。

▫平常心を保ってブラさない

たとえ一部で損が出てしまったとしても、全体の儲けのほうが大きければそれは勝っているに等しい、というのが今亀庵さんの考え方です。

今亀庵さんにも失敗した経験は数多くあります。それでも、儲けている投資家は平常心でいられるもので、むしろ**失敗したからとそれを取り返そうと躍起になるべきではない**といいます。

損が出てしまうことは株取引において常にありうることであり、それを引きずるとなると、毎日のように後悔することになってしまいます。失敗は辛いものですが、例えば、しばらく株価を見ないようにしたり、仕事などの別のことに熱中したり、旅行に行って気分転換したりと、辛さを耐え抜き、リフレッシュして前を向くことが、ときには重要であると考えています。

また、分散投資は、ひとつの銘柄の株価が下がっても、他の銘柄でカバーできる場合も多く、平常心を保てる投資方法のひとつといえます。

□株価の推移だけに目を奪われない

今亀庵さんは、ニュースをはじめ、情報にまったく触れない期間というのは設けていません。

しかし、**長期投資だからつくれる自由な時間を使い、旅行や趣味を満喫しています。**

せっかくFIRE（Financial Independence, Retire Earlyの略。経済的自立による早期退職を指す）を達成できたのに投資だけに大幅な時間を割き、人生を豊かに過ごすためのお金を使わずにため込んでしまっては本末転倒です。資産運用だけに囚われず、日々のアクティビティも大事にしてみましょう。

それだけでなく、日々の動きだけに気を取られると大きな流れも見えなくなってしまう恐れがあります。もちろん、チャートなどの情報は大切ですが、株価というのは上下しながらも**最終的には企業の業績が反映されるもの。**空いた時間に延々とチャートを見て株価の推移にだけ目を向けるのはやめましょう。企業の決算などを調べ、売り買いのタイミングを見極めたり、新しい投資先の企業を見つけに行ったりすることが大切だと考えます。

事前に銘柄をピックアップし、買うタイミングをはかるのみというところまで用意しておけば、次の行動が具体的になって、心にゆとりが生まれます。

「銘柄に惚れるな」を忘れない

今亀庵さんが重要視している相場の格言に**「銘柄に惚れるな」**というものがあります。これは、特定の銘柄に強い思い入れを抱いてしまい、客観的な判断ができずに失敗してしまうことを戒める言葉です。

銘柄への思い入れから、本来ならば見切りをつけるべきタイミングでも売却することができず、結果として利益が出る可能性の少ないまま、株を持ち続けることになってしまうのです。

投資の肝

目の前のことに囚《とら》われてゴールを見失わない。焦らず時局を見極めよう

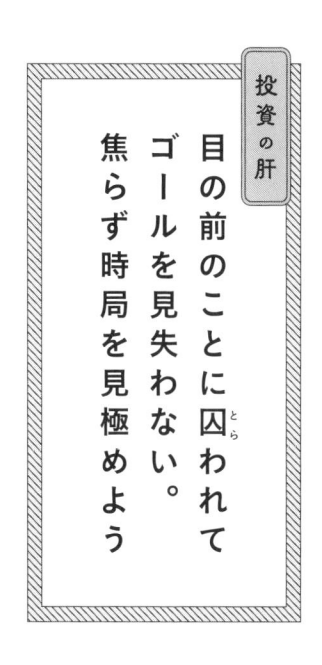

アドバイス

10戦10勝ではなく4勝6敗を目指す

□全勝する必要はまったくない

今亀庵さんも成功ばかりしてきたわけではありません。銘柄の選択を誤ったり、売るタイミングを逃したりしたことももちろんあります。

ホープ（6195）は2020年12月中旬から2021年の下旬まで続いたJEPX（日本卸電力取引所）の価格高騰の影響を大きく受け、莫大な損失が出てしまいました。電力小売事業参入から大きく上昇していた株価も一気に下落、当時ホープに投資していた今亀庵さんは売却のタイミングを逃してしまい、大きな損失となりました。それでも、今亀庵さんはそれが自分の学びになったと振り返っています。

6195 ホープ 週足

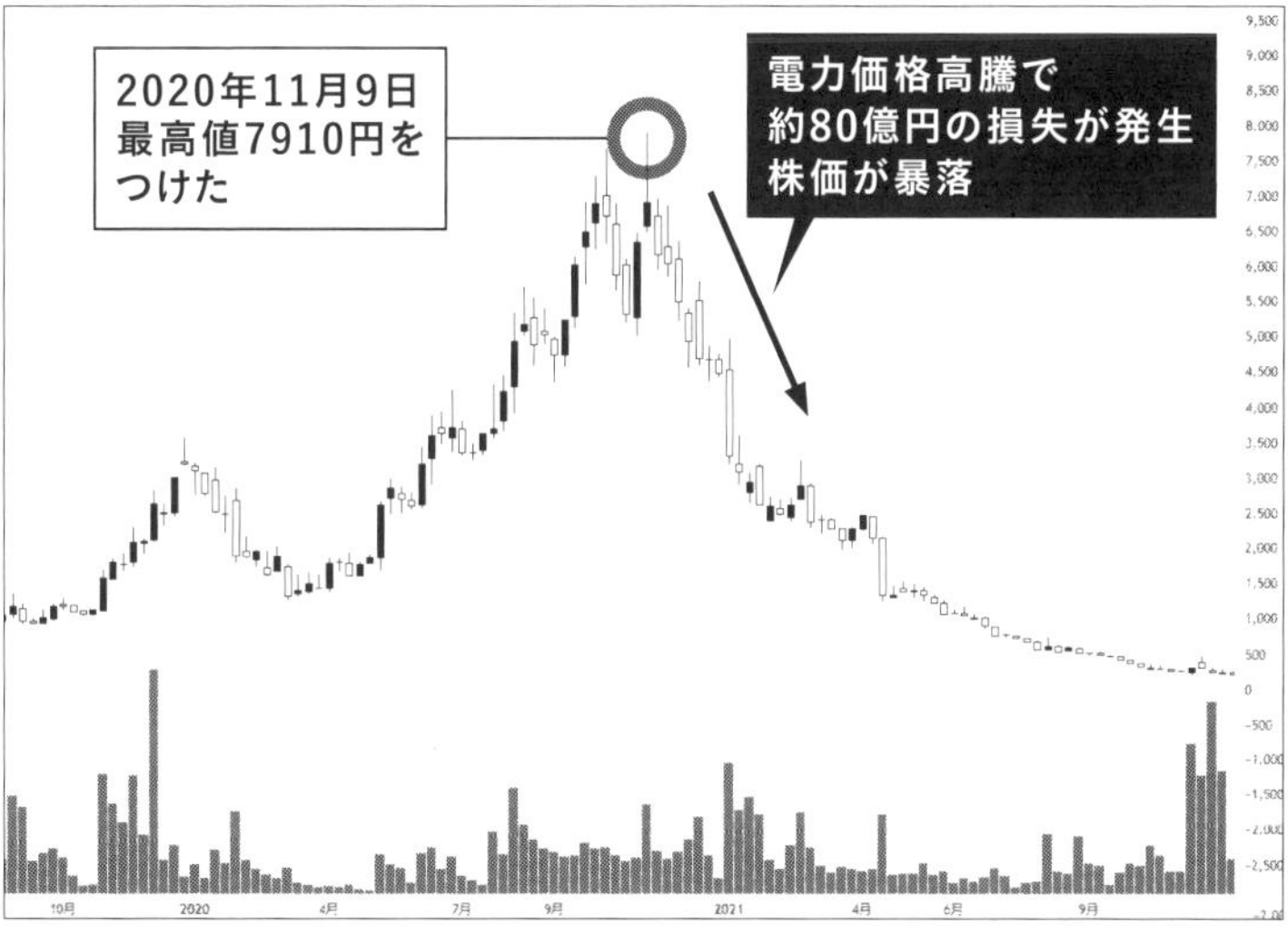
2020年11月9日
最高値7910円を
つけた
電力価格高騰で
約80億円の損失が発生
株価が暴落

出所：TradingView

投資において、**10戦10勝しようとするのは不可能**であると今亀庵さんは話します。株価が想像通り、教科書通りの動きをすることはありません。そこで自らの考えを過信し過ぎることや、負けないことにこだわりすぎることは、予測しきれない株価の動きに嫌気がさしてしまうことにつながりかねないのです。

失敗があっても引きずることなく反省し、次の勝利を目指すことが今亀庵さんの基本的な姿勢です。

□損小利大を追い求める

投資において負けること、損失が出

てしまうことは日常茶飯事です。今亀庵さんが大事にしているのは、勝敗の数ではなく、**負けの損失を抑えること**と、**勝利の質を高めること**です。この損小利大の投資とは、株価が予想通りの動きをしているときは利益確定を急がずに利益の最大化を狙い、反対に予想に反した動きを見せるときは躊躇せずに売却することで損失を抑えることです。

極論でいえば今亀庵さんは、勝ちの質が高く、すばやく損切りすることで損失分をカバーするのに十分であれば、勝ち負けの回数は同じくらいか、負け越しでもよいくらいだと考えています。

◘ひとつの武器を磨き続ける

しかし、はじめのうちはそううまく運ぶことのほうが少ないでしょう。トレードでは、少なくとも自分の持っている知識や経験などをもとにした取引のほうが、勝率が高くなるのはいうまでもありません。

ゆえに、**着実にひとつの武器を磨き上げること**が重要です。「なんとなく利益になりそうだから」、「これで成功している人の話を聞いたから」、「もっとラクにすばやく利益を得たい」などと考えて、自分がよく知らないものに手を出してしまい、結果損をしてしまうというケースは投資の世界ではよく聞く話です。

実際に今亀庵さんは、トレードで扱っているもののほぼ全てが国内個別株で、そのほかは以前投資信託に少し触れた程度、仮想通貨などにも手を出したことがないといいます。

その分、国内の個別株取引において、PERやPEGレシオなどの割安・割高を測る指標を使い続け、50年以上の経験を経て、やり方や感性を磨いてきたのです。

インデックス投資で経験を積む

退職金を元手に投資を始めるにしても、どの程度の事前知識があるかによってはじめ方は異なります。

すでに投資の経験がある人や、事前に勉強を行った人なら問題ありませんが、今まで株などの投資を経験したことがなく、退職してから新たに投資を始める人の場合、いきなり個別株に手を出すのはややリスクが高くなります。

今亀庵さんは、最初は**投資資金の半分を比較的安定して高配当、高利回りなJ－REIT（不動産投資信託）**に回し、もう半分を、リスクをとって**NISAでS&P500などインデックス投資に回す**ことで経験を積み、そこから個別株へステップアップするのが安

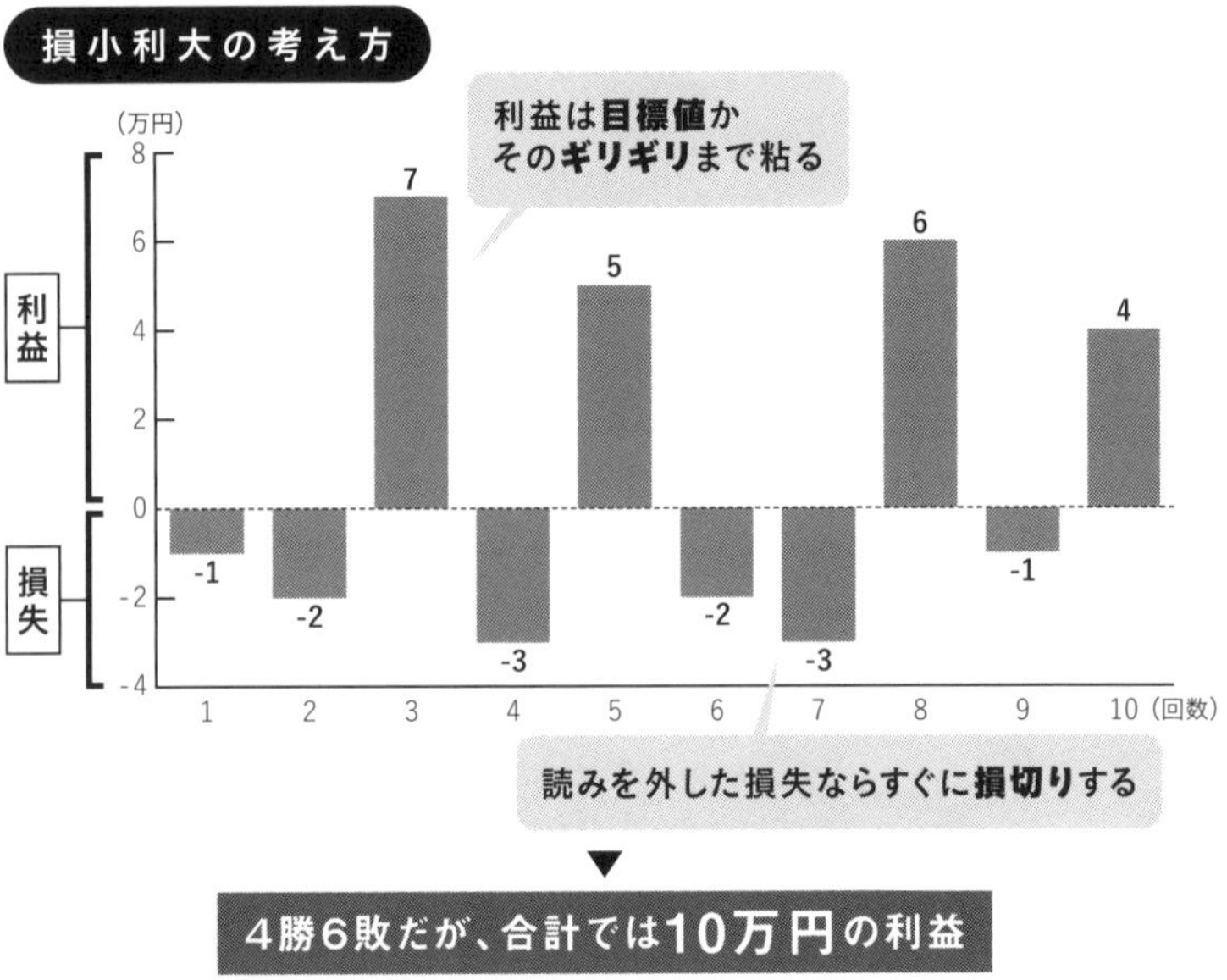

全な始め方ではないかといいます。

今亀庵さんは、まずは安定を取りながら経験と知識を蓄えていくことが重要としています。低リスクだからこそ、比較的安心して武器を磨き始めることができるでしょう。

会社員時代の実績は忘れて

すべてのトレードで勝ち続けるのはほぼ不可能であること、4勝6敗でも勝ち越せることはあると理屈ではわかっていても、やはり負けたくない、損をしたくないというのは人間の非常に自然な心理です。

今亀庵さんは特に、会社で何らかの役

職に就き、プロジェクトを主導してきた経験を持つシニアの投資初心者に小さな警鐘を鳴らしています。

もちろん、全員が全員そうというわけでは決してありませんが、今亀庵さんはそうした人たちに完璧主義的な傾向が見られるといいます。

完璧主義が先行してしまうと、いい成果を目指して視野が狭くなったり、想定外の事象に遭遇してパニックになってしまったりといったことが多くなってしまうといいます。

社会や会社で通用する独自の経験や手法が存在するのと同じように、投資の世界には投資の世界である程度通じる経験や手法があります。

もはや**別の新しい世界と考えて、ゼロから基礎を積み上げていく**ことが重要になります。

投資の肝

すべてで勝つ必要はない
負けを織り込んだうえで
勝てる方法を探そう

Investor 2

［ 割安な高配当銘柄を持ち続ける ］

かんち

Kanti

高配当株や優待株への
長期投資で
安定した利益を得ます

個人投資家（X：@kanti990）

株式投資で資産が億を超え、40代後半で早期退職して専業投資家となったかんちさん。以降は、配当・優待利回りが高い銘柄への長期投資により、安定した収入を得ている。

必要最低限の時間を使って、600銘柄以上の高配当・優待株に長期投資を行うかんちさん。もらった優待を活用するなどしながら、充実した生活を送っています。買った株は基本的に売らずに保有し続ける長期投資を行う中で意識している、独自の銘柄選びの基準や心構えなどを語ってもらいました。

投資スタイル

長期保有と優待活用で安定的な資産形成を実現する

□ 高配当と優待で安定的な収入を得る

かんちさんの投資スタイルの特徴は、高配当株と優待株を組み合わせた長期投資です。**基本的に株式を一度取得したら、売却せずに長期で保有する。さらに配当と優待を最大限に活用し安定的な収入を得る**ことを重視しています。

この戦略により、長期保有する多くの企業からの配当による金銭的なリターンを享受しながら、同時に優待による生活の質の向上も実現しているのです。

元消防士のかんちさんは49歳で早期退職し、専業投資家へと転身。消防士になってすぐの20歳ごろから株式投資を始め、現在までの投資経験は約40年にわたります。保有銘柄は

600銘柄以上、資産額は8億円を超える投資家です。

特筆すべきは、かんちさんの保有株から得られる配当金が年間2000万円を超えているという点。ポートフォリオを**高配当株（配当比率の高い銘柄）や優待株を中心に構成することで、投資リスクを低く抑えつつ、安定的にインカムゲインを生み出すしくみ**を構築しているそうです。

◘短期投資から長期投資へ

このスタイルに行き着く過程で、かつては短期投資も経験したというかんちさん。しかし、デイトレードなどの短期投資では、基本的に市場が開いている間の9時～15時までは動向を常に監視し、頻繁な取引を行う必要があります。

「短期投資では、市場が開いている間だけではなく、取引時間外でも相場の研究に時間を費やさなければいけません。極端な話、10万時間投資に費やせる人が勝つ。そんな世界なんです」とかんちさん。

実際、かんちさんも短期投資を行っていた時期には相場の研究に多くの時間を費やし、日中も市場の値動きに張り付くことで利益を出せていました。しかし、次第に自分の生活

かんちさんの相場時間の使い方

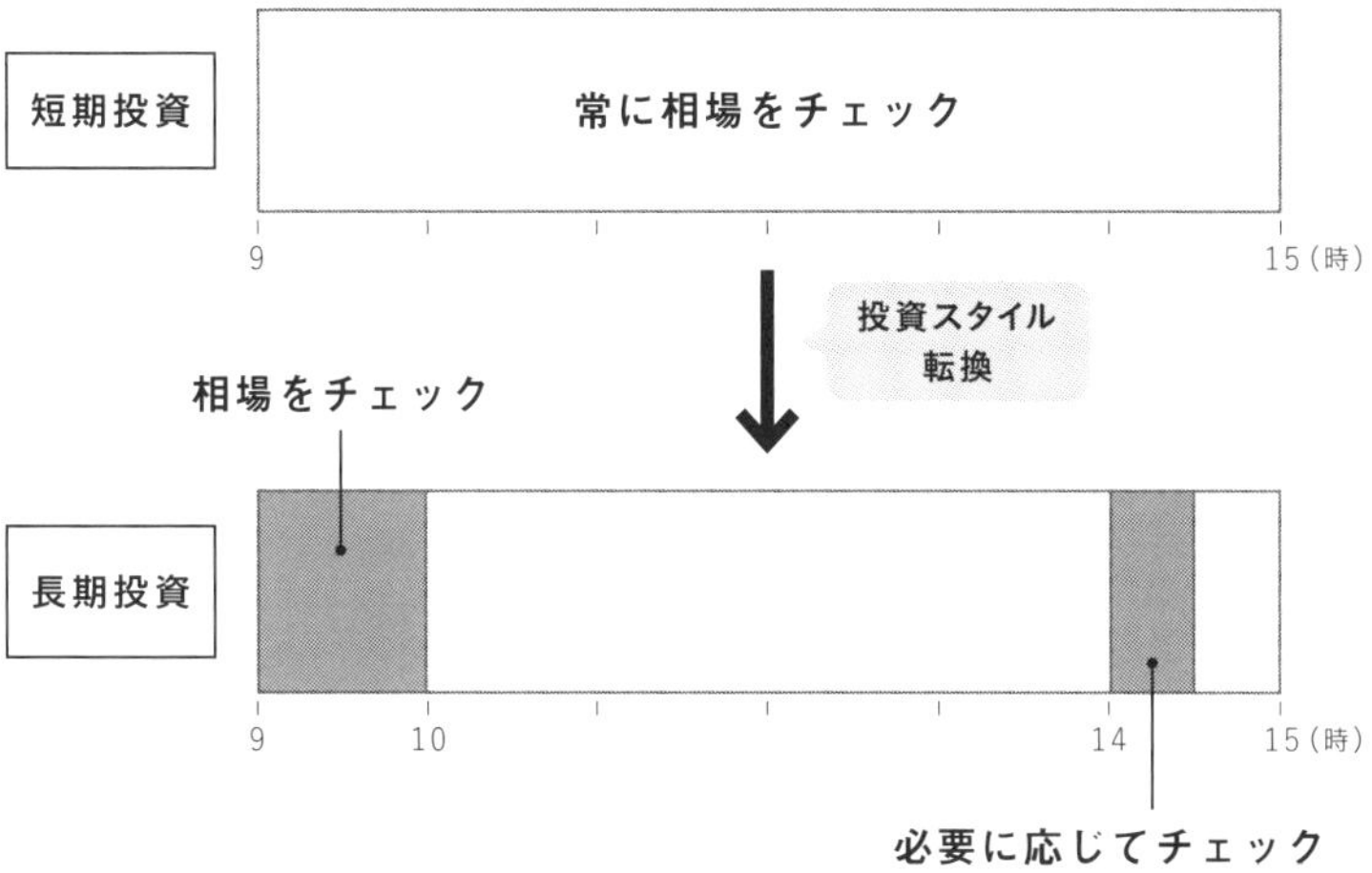

スタイルとあわないことに気づきます。

そして、せっかく早期に経済的自立（FIRE）したのに、9時から15時までずっと相場に拘束されるのは時間がもったいないと思うようになりました。

そうした経緯もあり、「専業投資家としての経済的自立」と「時間的余裕の確保」の両立を主眼に置いた結果、かんちさんは**高配当株と優待株への長期投資を主軸とした独自の投資スタイルを確立する**に至ります。

「ほったらかし」で時間を創出

かんちさんが実践している長期投資スタイルの特徴はいくつかありますが、「**投資にかける時間を極力少なくし、一度買ったらほっ**

たらかし」、これを徹底しているのが印象的です。

例えば、かんちさんが相場を見るのは、基本的に平日の朝9時から10時までの1時間。場合によっては市場が閉まる直前の14時から14時半までの時間もウォッチすることもありますが、それでも投資に費やすのは、1日最大で1時間半程度だといいます。

同時に、「株は頻繁に売買するもの」ではなく「貯めるもの」と考えており、貯金のように株は基本的に買い増し続けるものとして、ほとんど売ることがないそうです。

つまり、**一度良質な銘柄を選定すれば、日々の相場変動に一喜一憂する必要がありません。**相場を見る際にも買う株や、保有している株を買い増すタイミングを精査すればよいだけなので、精神的にも余裕を持ちやすくなります。

こうして、かんちさんは投資に費やす時間を最小限に抑え、それによって生まれる時間的余裕を活かし、場が開いている時間帯のほとんどは、健康維持のためのジム通いなど、自身の生活の質を向上させる活動に注力しています。

◘ 株主優待の戦略的活用で生活の質を向上

また、かんちさんの投資スタイルのもうひとつの特徴に、株主優待を積極的に活用する

かんちさんが保有している優待銘柄の例

保有銘柄	銘柄コード	株価 8月14日時点	優待ジャンル
物語コーポレーション	3097	3360円	飲食
あみやき亭	2753	5320円	飲食
塩水港精糖	2112	259円	食品
ウエルシアホールディングス	3141	1998円	日用品
ワールド	3612	1970円	ファッション
近鉄グループホールディングス	9041	3271円	交通
イー・ガーディアン	6050	1808円	クオカード

という点があります。**600銘柄以上を保有する彼のポートフォリオには、株主優待を提供する様々な企業の株式が含まれています。**これらの企業から定期的にもらえる優待を、単なるインカムゲインとしての投資リターンだけでなく、日常生活の質を向上させるツールとしても活用しているそうです。

飲食系の企業から豊富な種類の優待がもらえます。例えば、月に3万円くらい外食するような家族がいるとして、この外食費を優待で賄えれば、年間36万円が浮きます。その浮いた36万円は投資に使えますし、節約とも相性がいいといえます。

もちろん、企業が提供する株主優待は飲

食だけでなく、日常の買い物などに活用できるものも多々あります。かんちさんはこうした**株主優待を活用し生活にまつわる支出をかなり抑えている**そうです。

そして、優待の活用によって節約できた資金を、投資に回すことでさらなる好循環を生み出しています。一般的に株主優待というと単なる「特典」のイメージが強いのですが、使い方次第では生活コストの削減と投資資金の創出という戦略的な側面があります。かんちさんはそのメリットを最大限に活用し、投資と生活の質の向上を両立させています。

ただし、かんちさんもここに至るまでには手痛い失敗も経験しています。

特に印象的なのが、2008年4月のリーマン・ショック時の出来事。日経平均株価が1万3000円を割り込んで「下げ止まった」と判断したかんちさんは、大きく勝てると考え、「信用取引」を活用して資金を投入しました。信用取引とは証券会社から株式や資金を借りて行う取引で、自己資金以上の取引が可能になる反面、リスクも大きくなる手法です。その後、予想に反して株価は下落を続け、2009年3月10日には日経平均株価の終値が7054円と、バブル崩壊後の最安値を更新するに至ります。この結果、かんちさんの資産は大きく目減りし、当時3億円超の資産が半減してしまいました。

ただし、かんちさんは**信用取引を行う際にリスク回避のためのルールを設定**していました。「保有する現金以上に損失が膨らんだら、その時点で負けを認めて、信用取引分を損切りする」というものです。このルールにより、最悪の事態でも損失を最小限に抑えることができたのです。

かんちさんは、このときの相場変動を「前代未聞のイレギュラー」と位置付けています。そして、たとえ同じような状況に直面しても、やはり同じ行動を取るだろうと述べています。この失敗は、かんちさんにとって貴重な経験となり、**リスク管理の重要性を再認識するきっかけ**となりました。現在の長期保有・高配当重視の投資スタイルは、こうした経験を経て確立されたものといえるでしょう。

投資の肝

長期保有と優待銘柄をうまく使って生活の質を上げる

取引銘柄

高配当と優待を重視し600銘柄超を保有

600銘柄を超える超分散投資

かんちさんの投資ポートフォリオで特筆すべきは、その「規模」と「幅広い銘柄保有」です。現在、総資産が8億円を超えるかんちさんは、現金比率を10%以下に抑え、株式の比率を極めて高い水準で維持しています。

その結果、**保有する銘柄数は実に600を超え、「超分散投資」を実現しています。これにより、リスク分散と同時に優待や配当などの利益を生み、安定した投資を継続することを可能にしている**のです。

一方、600を超える銘柄を効果的に管理することは、決して容易ではありません。か

かんちさんの保有銘柄分類

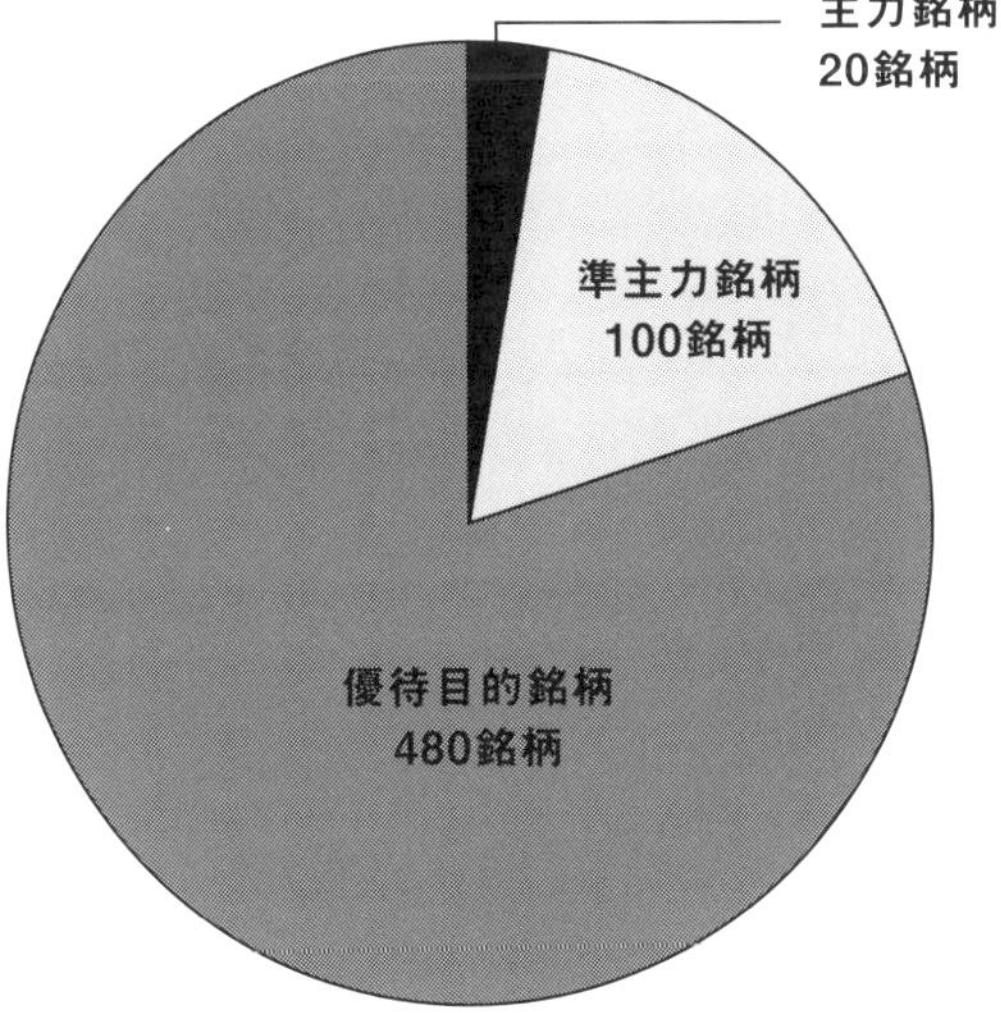

んちさんは、独自の方法でこの課題に取り組んでいます。

高配当と優待のバランス重視

まず、銘柄の分類が重要です。そのうち投資額が500万円を超える主力銘柄が20銘柄、投資額が150万円~500万円以内の準主力銘柄が100銘柄、残りの約480銘柄が主に優待目的で保有する銘柄という構成になっています。

このような明確な区分けにより、各銘柄の位置づけを把握しやすくしています。

準主力まで買って、株価上昇で主力に入ったりする銘柄もあり、それらを流動的に管理しています。保有銘柄の動きを逐一

構成銘柄の保有理由例

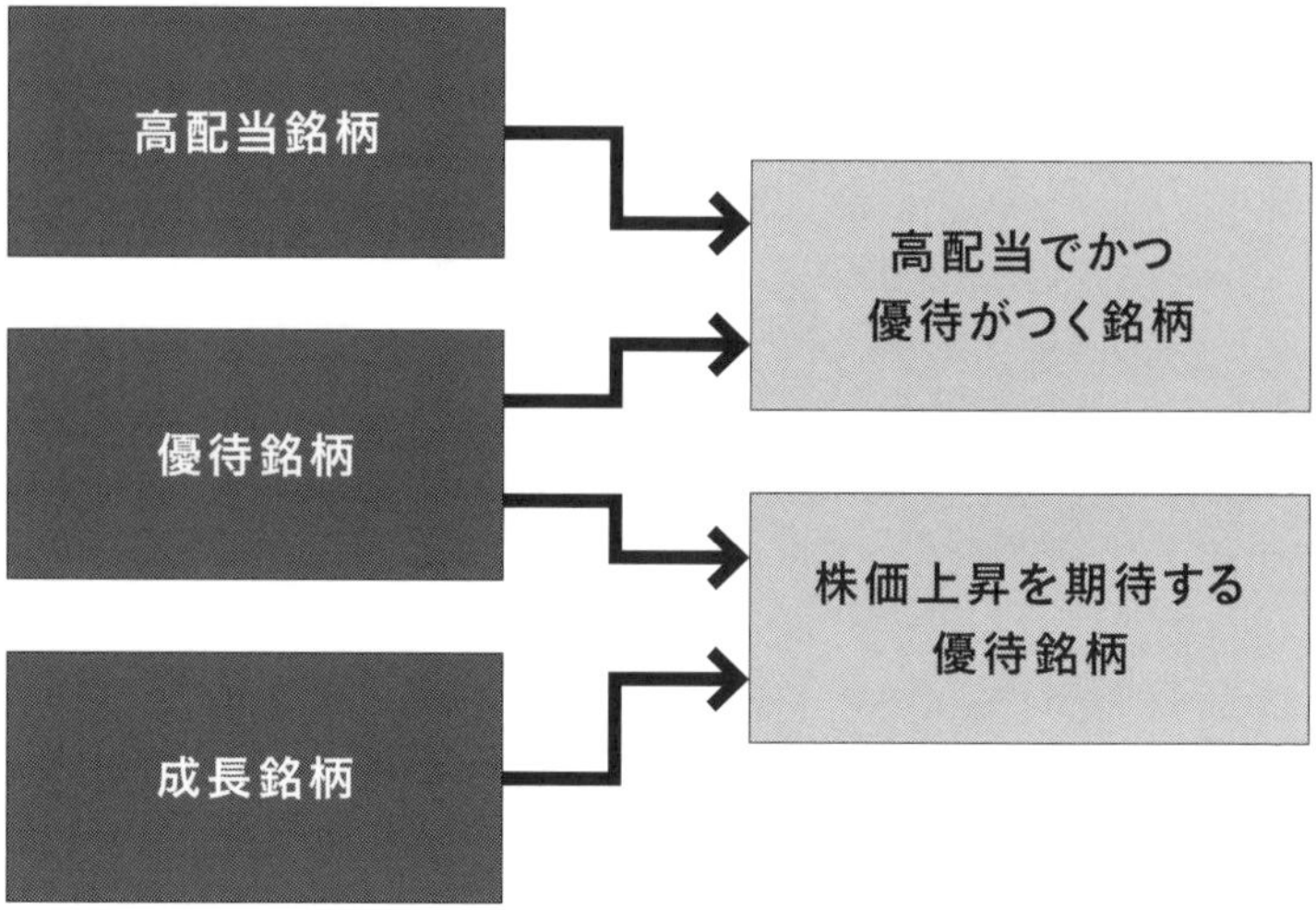

チェックし、動的な管理によりポートフォリオの最適化を図っているのです。

しかし、**動的な管理を行う一方で、注力しない部分は極力工数を減らす**などメリハリを利かせています。

例えば、決算は株価に影響を与えやすいため、主力や準主力となる保有銘柄については、それぞれ決算が発表される時期には綿密な情報収集を行う一方で、単純に優待目的で保有する銘柄などはそれほど細かくチェックしていません。

こうした地道な努力により、かんちさんは**600銘柄を超える大規模なポートフォリオを効果的に管理し、安定的なリターンを実現**しているのです。

□高配当：5、優待株：3、成長株2の割合で管理

また、ポートフォリオに関しては比較的柔軟に構成銘柄を調整しています。

以前は優待株が中心の構成でしたが、現在は**高配当株に注力しており、金額ベースで「高配当：5、優待株：3、成長株2」の割合**となっているようです。

加えて、かんちさんの公開しているポートフォリオでは、銘柄ごとの保有理由も明かされており、「高配当」や「優待」目的で保有する株も多いですが、場合によっては「高配当でかつ優待がつく銘柄」「株価上昇を期待する優待銘柄」など、単純に割合に応じて保有するというよりも、複数の要因が組み合わさるケースもあるようです。

投資の肝

保有理由を明確にして保有銘柄を調整しやすくする

判断基準

業績好調で割安、かつ高配当優待銘柄が基本

□配当利回り3・5％以上の銘柄を抽出

かんちさんの投資判断基準は、シンプルにいえば「**業績が好調で割安、かつ高配当や優待がついている銘柄**」を選ぶことにあります。では、具体的にどのように銘柄を選んでいるのでしょうか。かんちさんの投資判断プロセスを、順を追って見ていきましょう。

まず最初のステップは、**配当利回りが3・5％以上の銘柄を探す**ことです。配当利回りとは、株価に対する年間配当金の割合のことで、簡単にいえば「株を持つことで得られる年間の利益率」です。

かんちさんは、マネックス証券の「銘柄スカウター」というツールを使ってこの作業を

かんちさんの投資判断プロセス

配当利回りが3.5%以上の銘柄を探す → 増収増益増配の銘柄に絞り込む → PERやPBRなどの指標から割安かどうか判断する

行っています。配当利回り3・5%以上を投資対象にしていますが、よい銘柄が見つからないときは3・0%以上まで範囲を広げることもあります。

この作業で、高配当が期待できる銘柄の候補を絞り込みます。次は、そのなかから本当に優良な銘柄を見つけ出すステップに進みます。

□「増収増益増配」の銘柄を絞り込む

配当利回りが高いだけでは、よい投資先とは限りません。そこで次に、抽出した銘柄のなかから**「増収増益増配」、つまり売上高と利益が増え、さらに配当も増えている銘柄を探します。**

「きれいな右肩上がりで増収増益が続いていれば理想的ですが、多少上下があっても、全体的に右肩上がりになっていれば合格」というのがかんちさんの持つ基準です。

ここでのポイントは、一時的な好業績ではなく、継続的に成長している企業を見つけることです。そうした企業は、将来も安定した配当を期待できる可能性が高いからです。

□ＰＥＲとＰＢＲを使った割安度判断

次のステップでは、**ＰＥＲ（株価収益率）とＰＢＲ（株価純資産倍率）という2つの指標を使って、株価が割安かどうかを判断**します。

ＰＥＲは、現在の株価が1株当たりの利益の何倍になっているかを示す指標です。例えば、ＰＥＲが10倍なら、今の利益が10年続けば投資額を回収できるという意味になります。

ＰＢＲは、株価が1株当たりの純資産（会社の資産から負債を引いた額）の何倍になっているかを示す指標です。

かんちさんは、ＰＥＲとＰＢＲをかけて15以内に収まっていれば割安だろうと判断しています。個別では**ＰＥＲは10倍以下、ＰＢＲは1倍未満を目安**にしているそうです。

この作業で、成長性と割安度の両方を兼ね備えた銘柄を絞り込んでいきます。

また、さらに詳しく企業の状態を知るために、ＲＯＥ（自己資本利益率）とＥＶ／ＥＢ

割安株の判断基準

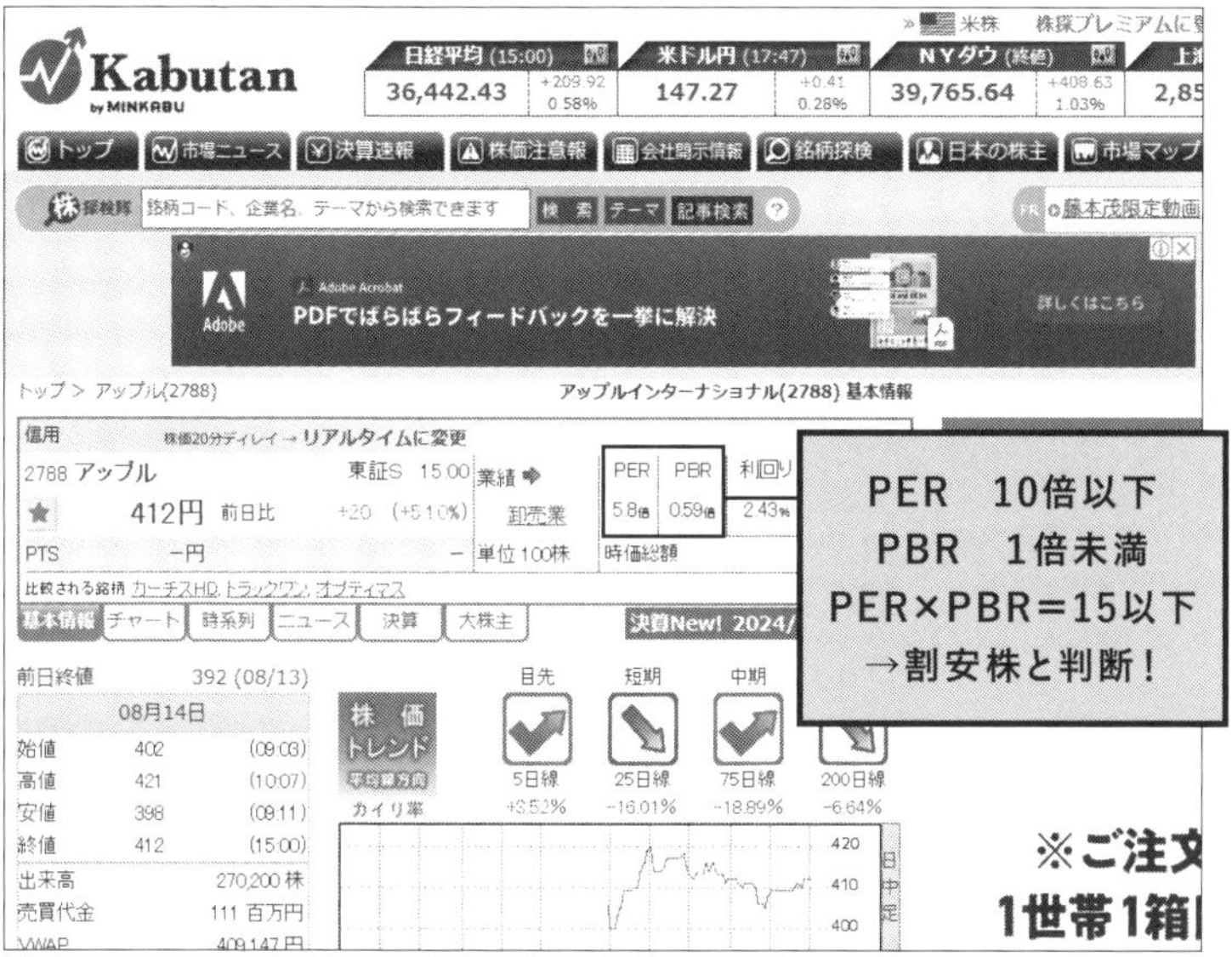

出所：株探

ＩＴＤＡという指標をチェックする場合もあります。

　ＲＯＥは企業が自己資本をどれだけ効率的に使って利益を上げているかを示す指標です。ＥＶ／ＥＢＩＴＤＡは、企業の収益力と企業価値の関係を示す指標で、10倍以下であれば割安とかんちさんは考えています。

　これらの指標を使うことで、企業の収益性や効率性をより深く分析することができます。

　ここまでの分析でよい銘柄が見つかっても、まだチェックは終わりません。次は、**一時的な要因で業績が**

よくなっていないかをチェックします。

例えば、資産売却による一時的な利益や、逆に大規模な設備投資による一時的な支出などは、今後の業績を正確に反映していない可能性があります。かんちさんは、こうした一時的な要因を取り除いて、本当の企業の力を見極めます。

◘分散投資で安定したリターンを得る

以上のプロセスを経て選んだ銘柄ですが、かんちさんはひとつの銘柄に集中投資するのではなく、100銘柄程度に分散投資することを勧めています。ただし、**同じような値動きをする銘柄（例えば同じ業界の企業）ばかりに投資するのは避ける**べきだといいます。

この「超」分散投資により、一部の銘柄が下落しても、全体としては安定したリターンを得られる可能性が高まります。

かんちさんはここまで記してきたチェック作業を1銘柄あたり5～10分程度で行うそうです。長年の経験から培われた「目利き」の力があってこそ、この効率的な投資判断が可能になるのでしょう。

初心者の方にとっては、これらすべてを一度に実践するのは難しいかもしれません。しかし、この基準を参考にすれば、少しずつ自分なりの投資スタイルを確立していくことができるでしょう。

なお、基本は〝握りっぱなし〟とはいえ、かんちさんは興味のある銘柄を見つけたら、少量から買い始めて徐々に買い増ししていく方法を採用しています。その理由は、**実際に株を保有してみないと、その銘柄の値動きや自分の心理状態がわからない**からです。保有株数を小さく始めて様子を見ながら、徐々に買い増しするこの方法には、いくつかのメリットがあります。まず、急激な株価変動に対する心理的な負担が軽減されます。また、**平均買付単価を調整しやすくなり、長期的には安定したリターンが期待できる**のです。さらに、この手法は新しい銘柄を試す際のリスク管理にも役立ちます。もし予想と異なる展開になった場合でも、最小単元数程度で始めれば損失を最小限に抑えられます。

投資の肝

値動きが似ていない複数銘柄に投資してリスクを分散する

売買時期

株価の上下動に焦って売り買いすることを避ける

□買いのタイミング

では、かんちさんはどんな基準で売買を判断しているのでしょうか。まず、買う場合は以下の3つのタイミングに決めているそうです。

①業績が向上し、それに伴って増配が決まったとき

企業の業績がよくなり、その結果として**配当を増やすという決定は、株主還元に積極的な姿勢の表れ**です。このタイミングで購入することで、今後も継続的な配当の増加が期待できる可能性が高まるとかんちさんは考えています。

ただし、単に増配のニュースだけで判断するわけではありません。過去の配当履歴を

買いの3つのタイミング

①業績が向上し、増配が決まったとき
配当性向が安定しているか、持続可能な増配かをチェック！
➡増配されたら買う

②狙っていた株の株価が下がったとき
狙っていた銘柄の株価が高すぎる
➡安くなったところで買う

③魅力的な優待が新設されたとき
優待内容の発表、優待新設の公表
➡必要な優待がある銘柄を買う。特に魅力的な優待の新設は投資のチャンス！

チェックし、企業の長期的な配当方針も考慮に入れます。例えば、配当性向が安定しているか、一時的な要因ではない持続可能な増配なのかなどを確認します。

また、業績が一時的に落ち込んで減配になったとしても、それが**将来の成長のための先行投資（設備投資や研究開発など）によるものであれば、逆に買いの好機**と捉えることもあります。

ビジネスモデルに問題がなく、長期的な成長が期待できる企業であれば、一時的な減配は購入のチャンスになることもあります。

②狙っていた株の株価が下がったとき

かんちさんは、「この株がいいな」と思っても、株価が高すぎると感じた場合には買いません。その後、なんらかの悪材料が出るなどして株価が下落し、安くなったところで買いにいきます。

③魅力的な優待が新設されたとき

かんちさんは、株主優待を投資判断の重要な要素のひとつとして考えています。特に、新たに魅力的な優待が設定された場合、それを投資の好機と捉えています。

例えば、人材サービス大手・ディップ（２３７９）はオリジナルクオカードを優待として提供しており、２０２４年からはブランドアンバサダーである大谷翔平選手がデザインされています。「優待族として、これを逃す手はありません」とかんちさんはいいます。

◘売りを検討する６つのタイミング

かんちさんは基本的に、どれだけ評価損額が膨らんでも、株価の上下動で売ることはありません。しかし、以下の６つの場合には売却を検討します。

①高配当株が高配当でなくなったとき

業績が上がって株価が上がったとしても、配当額が変わらなければ、それは以前と比べ

売りの6つのタイミング

①高配当株が高配当でなくなったとき

②優待株の優待がなくなったり、改悪されたとき

③ほかの株を買うとき（新規購入のための資金確保）

④TOBが行われるとき

⑤株価が予想以上に急上昇しているとき

⑥市場のトレンドが変わるとき（特にシクリカル株）

単純に「株価下落→売り」はNG

て低配当になります。そうなるとかんちさんは売却を検討します。

②優待株の優待がなくなったり、改悪されたとき

株主優待を一度でも改悪するような企業は、その後もどんどん改悪を続け、最後には廃止する可能性がとても高いといえます。

③ほかの株を買うとき（新規購入のための資金確保）

かんちさんは「証券口座内のお金のほとんどを株に回す」スタイルをとっているため、新し

い株を買う際には保有株を売却する必要があります。この場合、配当利回りが低い順に売却を検討します。

④ＴＯＢ（株式公開買い付け）が行われるとき

ＴＯＢが行われると株価が上昇する可能性が高くかなりラッキーなのですが、ＴＯＢに応じるための手続きが面倒なため、市場で売却することが多いです。

⑤「ここまで上がるワケがない」というくらい株価が急上昇しているとき

特に高配当株で、業績や材料から予想される以上に株価が上昇した場合、一旦売却して利益確定し、また下がってきたところで買い直すこともあります。

⑥市場のトレンドが変わるとき（特にシクリカル株の場合）

かんちさんは景気敏感株（シクリカル株）への投資を得意としていますが、市場のトレンドが変わることで株価が大きく変動する可能性があります。例えば、銀行株の場合、「金利上昇局面が一段落したり、買いが殺到してＰＢＲ1倍を超えたら売る」と考えています。

□投資の難しさと対処法

株式投資の難しさは「どの銘柄を買うか」「いつ買うか」「いつ売るか」の3つに集約されていて、特に売りのタイミングが一番難しいとかんちさんはいいます。

しかし、**「基本的に売買しない。マイナスになってもいい」と腹を括っておけば、株価の上下動でそこまでのストレスはかかりません**。この方法により、かんちさんは精神的な負担を軽減しつつ、長期的な資産形成を実現しているのです。

「株価が上がれば嬉しいですし、株価が下がったとしても、配当を出してくれる限りは保有し続けます。そのうち、また株価が戻ってくるかもしれません」とかんちさん。株価の上下動に焦って売り買いするのが、いちばんダメなやり方だと強調します。

投資の肝

株価の上下を気にせず決めたルールに則って売買する

注目銘柄

インフレ加速や金利上昇で高配当株や銀行株に注目

□ 現在の市場環境から見る注目ポイント

かんちさんは、**現在の市場環境において特に「インフレ」「円安」「金利」の3つに注目**しています。これらの要因が今後も継続すると予測し、投資戦略の基本に据えています。

日本のインフレは諸外国の物価高につられて起こっているもの。日本経済は世界経済と密接に結びついており、今後、日本でだけインフレが収まるようなことはないとかんちさんは考えています。それを前提に今後もインフレが継続する場合、現金の価値が徐々に目減りしていくため、株や金、不動産などへの投資がより重要になってくると見ています。

このような市場認識を基に、かんちさんは特定のタイプの銘柄に注目しています。

かんちさんが保有している主力銘柄の例

保有銘柄	銘柄コード	市場	配当利回り	PER	PBR
INPEX	1605	プライム	3.69%	7.43倍	0.54倍
愛知電機	6623	名証プレミア	3.80%	8.23倍	0.54倍
三菱UFJ フィナンシャル・グループ	8306	プライム	2.71%	11.42倍	0.9倍
山口フィナンシャルグループ	8418	プライム	2.51%	11.17倍	0.56倍
サンフロンティア不動産	8934	プライム	3.15%	6.37倍	0.98倍
KDDI	9433	プライム	2.86%	14.24倍	1.93倍
ケーユーホールディングス	9856	スタンダード	5.31%	6.17倍	0.58倍

※数値は8月28日時点

□高配当株のなかでの注目銘柄

インフレ環境下で現金価値の目減りに対抗するため、かんちさんは高配当株に特に注目しています。具体的には、**配当利回りが3・5%程度あり、かつ株主優待がついている銘柄**を重視しています。

つまりは、業績が好調で割安、かつ高配当や優待がついているもの。いわゆる「投資家が好きそうな銘柄」です。

この基準に基づいた具体例として、かんちさんは最近購入した主力銘柄のひとつ、**愛知電機（6623）**を挙げています。中部電力系列で愛知県に本社を置く変圧器メーカーである愛知電機は、以下の特徴を持っています。

・**配当利回りが4%と高水準**
・**PERが約6倍、PBRが0・52倍と割安**
・**100株以上保有で年1回3000円相当のカタログギフトがもらえる優待制度あり（1年以上の長期保有が必要）**

これらの要素が揃っていることから、かんちさんは同社を主力銘柄のひとつに据え、現在は約2700株を保有しているそうです。

さらに、現在の金利上昇環境を踏まえ、かんちさんは景気敏感株、特に銀行株にも注目しています。**三菱UFJ（8306）、三井住友FG（8316）などの主要メガバンクはもちろん、地銀も軒並みポートフォリオに入れています。**基本は高配当狙いの保有ですが、今後は金利上昇による収益改善への期待もあります。

このように、かんちさんは市場環境の変化に応じて、高配当株と景気敏感株をバランスよく組み合わせる戦略をとっています。

時流に乗った銘柄は避ける

一方で興味深いのは、かんちさんが現在の市場で人気の高い銘柄を必ずしも追いかけていない点です。今、多くの投資家のポートフォリオには、トレンドである半導体や造船関連の株があると思われます。でも、かんちさんのポートフォリオにはそういった銘柄はひとつも入っていません。

バリュー株、つまり割安な株を探す投資スタイルは、そもそも時流に乗ることをあまり重視しません。現在人気の高い銘柄は往々にして割高になっていることが多い、というのがその理由です。

つまり、かんちさんは**市場の一時的な熱狂や流行に左右されず、企業の本質的な価値と株価の関係を重視**しているのです。人気銘柄は株価が高くなりがちで、バリュー投資の観点からは魅力的でない場合が多いということです。

投資の肝

時流に乗った銘柄は高い
本質的な価値を見極め
割安な株を探す

相場観

日経平均株価は5万円程度まで上昇余地あり

◘今後の日経平均株価の予測

かんちさんの相場観として、国内の株式市場の将来については比較的楽観的な見方をしています。

なかでも**日経平均株価は今後3年ぐらいで5万円程度まで上昇する余地はある**と見ています。

ただし、その道のりは直線的ではないとも考えています。3万7000円から4万円ぐらいの間を1年ぐらい横ばいで推移し、その後に上昇するというのが、かんちさんの見立てです。

PBR是正要請

東京証券取引所

↓ 2023年以降、PBR1倍割れ改善のための対策を開示・実行するよう要請

上場企業

・改善対策に取り組まなくても罰則はない
・具体的な対策は企業の裁量次第

今後、所得倍増計画の一環として政府が対策を強化する可能性がある

制度面からの後押しが株価上昇の一因になる

□PBR是正要請に期待

この上昇予測の背景には、**東証によるPBR（株価純資産倍率）是正の要請**があります。これはPBRが1倍を割れている企業に対し、株価水準を引き上げるための改善策を開示・実行するように東京証券取引所が要請するもので、2022年の東証市場区分再編を巡る議論で方針が頭出しされ、2023年以降に本格的に実施されています。

そもそもPBRとは「株価純資産倍率」のことで、株価が一株あたり純資産の何倍まで買われているかを見る指標です。仮に、企業が解散した際に、現在の株価が資

産価値（＝解散価値）に対して割高か割安なのかを見る際に使われます。

したがって、ＰＢＲが1倍であるならば、「株価と解散価値が同じ」とされるため、通常、ＰＢＲを見る際には「1倍を上回るのか、下回るのか」が目安のひとつとなっていました。しかし、近年の上場企業のなかには長らくＰＢＲが1倍割れし続けている銘柄も多いため、理論的には株主にとっては企業を解散して資産を分配した方がメリットのある企業が多いという状態だったのです。

こうした背景もあり、東証から「ＰＢＲ1倍割れを改善するための対策を開示・実行しなさい」と要請があったわけです。

ただし現状、東証が要請する改善策については、企業が取り組まなくても特に罰則はありませんし、どう改善するのかも企業側の裁量に委ねられています。そうした意味で実質的な拘束力はない反面、岸田政権が取り組む所得倍増計画の一環として、今後政府もより本腰を入れる可能性もありますし、資本コストや株価を意識した経営を行う企業が増えるのではないかと考えられます。かんちさんは制度面からの後押しも踏まえて株価上昇の一因になると見ているそうです。

5020 ENEOSホールディングス　日足

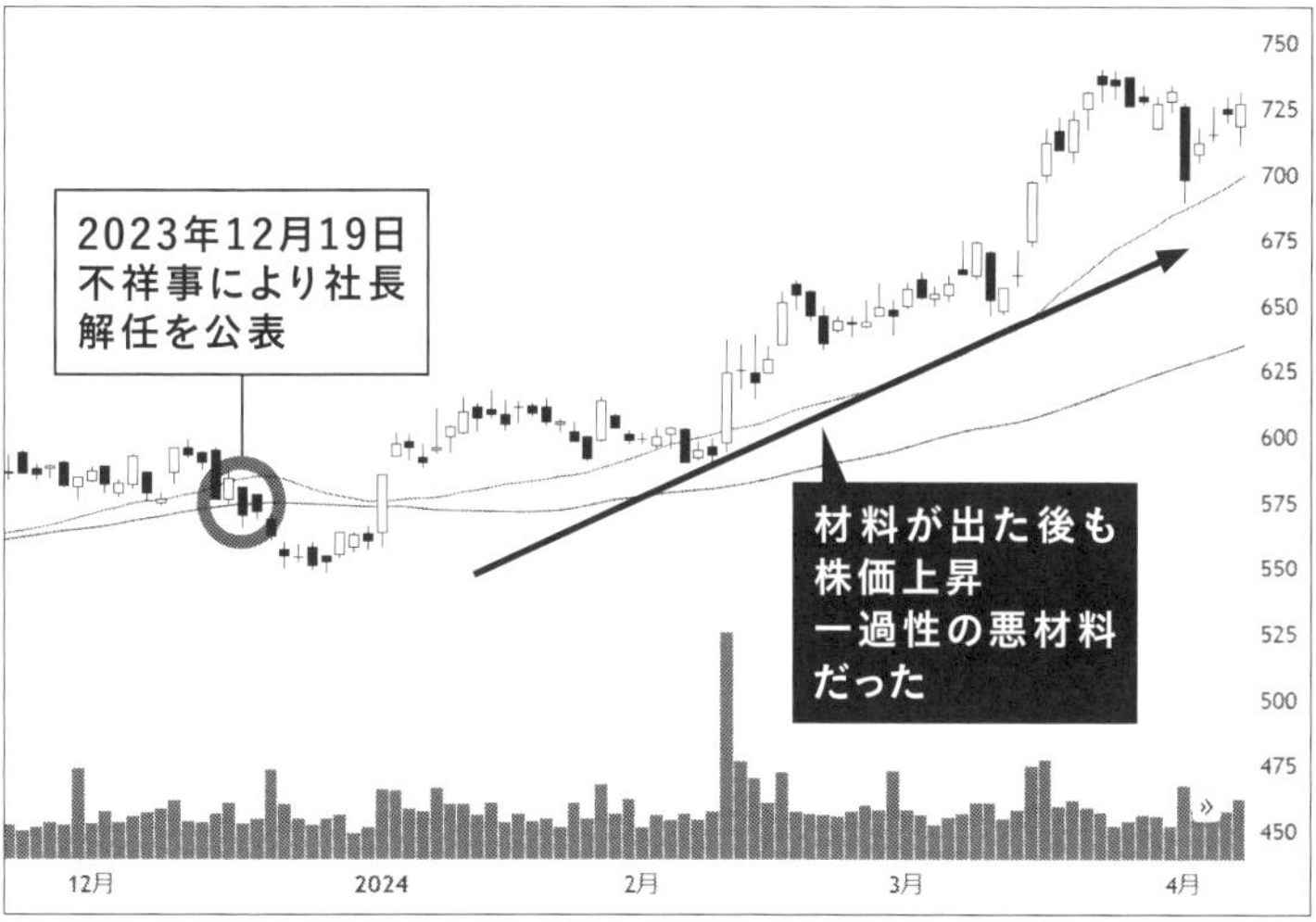

出所：TradingView

相場変動へのリスク管理

今後の市場全体の方向性としては上昇傾向と見込んでいるものの、株価はときとして急落することもあります。かんちさんは、相場の大きな変動、特に暴落時の対応についても明確な方針を持っています。その核心は、暴落の原因を「本業に関係ない悪材料」と「本業に直接影響する悪材料」に区別し、それぞれに応じた対応を取ることにあります。

そうしたなか、**本業に関係ない悪材料による暴落は買い**だと考えているかんちさん。

例えば、社員の横領や一時的なスキャ

4967 小林製薬　日足

2024年3月22日
紅麹製品の健康被害問題を
受け、製品の自主回収を発表
発表後に株価
が急落
徐々に回復している
が、下落前の株価に
は戻っていない
7,200
6,800
6,400
6,000
5,600
5,200
4,800
4,400
4,000
2月
3月
4月
5月

出所：TradingView

ンダルなど、企業の本質的な価値に直接影響を与えない要因による株価下落は、むしろ買い増しの好機と捉えています。

長い目で見ると、社員が横領したといった、実力と関係ないケースは、株価は戻ってくるためです。

一方で、取引先が半分になった、製品に重大な欠陥があった、売上が極端に落ち込んだというのは危ないです。これは売上と利益が減るので、買ってはいけない銘柄とし、企業の本質的な価値に影響を与える要因には慎重な姿勢を示しています。

このように、暴落の原因を客観的に分析し、企業の本質的な価値や将来の回復可能性を見極めたうえで投資判断を行うことが、かんちさんの相場変動への対応の特徴といえるでしょう。結局のところ、実力が損なわれるような悪材料と、それほど関係ないけれど株価を下げる材料とを区別することが重要です。どちらも株価は下げますが、**長期的に見て企業の実力に影響を与えないものは、むしろ買いの好機**になる可能性があります。

さらに、リスク管理の観点から、かんちさんは分散投資の重要性を強調しています。分散投資していれば、資産のなかで一番大きな銘柄がなくなっても、ほかの株でカバーできるといい、ポートフォリオ全体でのリスク管理を心がけています。

また、保有株のなかで「戻らないほうの悪材料」が出た場合は、迅速に売却する方針をとっています。もし自分が持っている銘柄で、本業に大きな影響を与える悪材料が出た場合は、ナンピン（値下がり時の追加購入）は絶対にダメです。場合によっては、すぐに売ってしまったほうがいいでしょう。

投資の肝

株価が下がったら
材料によっては
安く買うチャンス

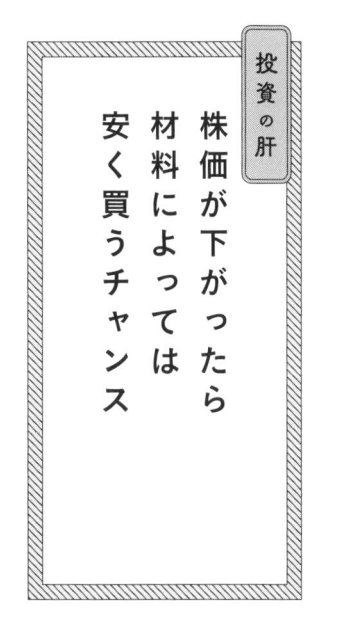

心構え

メンタルの強さを必要としない投資手法を採用する

■基本は「売らない」長期投資

かんちさんの投資スタイルの最大の特徴は、頻繁な売買を行わない〝超〟長期投資にあります。「いくらまで増えたら売る」「いくら損したら売る」といった基準は設けず、買った株は基本的に保有し続けるのです。

よく「株価が下がっても動じないのは、メンタルが強いからなのでは？」と聞かれることが多いそうですが、「正直そんなにメンタルは強いほうではありません。それでも株価の変動に一喜一憂しないのは、売買の基準が明確にあるからで、機械的に判断できるからこそ悩む必要がないのです」というのが、かんちさんの答え。

かんちさんの投資の鉄則

- ●買った株は基本的に保有し続ける
- ●短期的な利益に惑わされない
- ●「いつ売るべきか」を考えない

この長期保有の姿勢は、株価変動に対する独特の見方につながっています。かんちさんは株価の上下動をどちらもポジティブに捉えています。

株価が上がれば評価益が膨らんでうれしいし、株価が下がれば買い増せるからうれしい。こんなふうに投資をすることが、楽しく投資を続けられる大きな秘訣だとかんちさんはいいます。

特に、暴落時を買いの好機と捉える姿勢は注目に値します。彼の投資手法では、もっともポートフォリオが入れ替わるのは暴落時だといいます。

暴落時は、かんちさんいわく「割安な株がゴロゴロ現れますから、腕が鳴りますね」と前向きな姿勢を見せています。

□時間をかけた資産形成の重要性

また、かんちさんは、短期的な利益追求よりも長期的な視点での投資を強く推奨しています。「リスクを背負ってでも短期間で大きな資産をつくる」と人生の賭けに出る人を批判するつもりはありませんが、やはり投資は時間をかけてじっくりと増やしていくことが王道でしょう。

短期的な利益に惑わされず、長期的な視点で着実に資産を増やしていく姿勢が、安定した投資成果につながるのです。

さらにかんちさんは、「頭としっぽはくれてやれ」という相場格言を引用し、最高値で売ろう、最安値で買おうとすることの無理を指摘します。

株を最高値で売ろう、あるいは最安値で買おうというのは、そもそも無理な話。**完璧なタイミングを狙うのではなく、長期的な視点で投資を続ける**ことで、「いつ売るべきか」を常に考えることによるストレスを軽減することが、より楽しく投資を続けられる秘訣だそうです。

◘メンタル面での強さを必要としない投資方法

かんちさんの投資手法の最大の特徴は、必ずしもメンタル面での強さを必要としないことです。**長期保有を基本とし、株価変動をポジティブに捉え、市場の流れに逆らわない姿勢を保つことで、精神的な負担を大幅に軽減**しています。

「性格にもよるとは思いますが、多くの人にとって『いつ売るべきか』を考える生活はストレスになるのではないか」とかんちさんはいいます。

このように、かんちさんの投資への心構えは、長期的視点、ポジティブな姿勢、そして精神的な安定を重視したものとなっています。これらの心構えは、初心者から経験豊富な投資家まで、多くの人にとって参考になる貴重な指針といえるでしょう。

投資の肝

目先の利益に囚《とら》われず
長期的に着実に利益を
増やす

アドバイス

「農業的」なアプローチでじっくりと投資を楽しむ

◻短期売買の罠を避ける

かんちさんは、初心者投資家、特にシニア世代の方々に向けて、次のようにアドバイスします。

まずひとつは、特にシニア世代は短期売買を避けたほうがよいということです。時間軸を短くすればするほど、初心者は儲ける確率が少なくなります。むしろ損失に近づくといってもいいでしょう。

短期売買の世界は基本的に「ゼロサムゲーム」。自分の儲けは誰かの損失になるため、必然的に非常に熟練した一部の人だけが勝てる構造になりがちなのだといいます。

例えるなら、短期投資はF1レースのようなもので、テスタさんなど優秀な個人投資家たちと、免許取り立ての素人が同じ道路で勝負するわけです。そんなのプロのレーサーが勝つに決まっています。

さらに、現代ではAIを使った売買も増加しており、初心者が短期売買で勝つのはさらに難しくなっているのだそう。

シニア世代は「農業的」なアプローチがおすすめ

かんちさんは、こうした短期投資の土俵を避け、別のアプローチをとるべきだといいます。

特にこれから株を始めるシニア世代には、優待銘柄や高配当銘柄に分散投資し、楽しみながら続けていって、長期で少しずつ増やしていくスタイルをおすすめしています。

かんちさんのスタイルはまさにこれで、いわば〝農業的〟です。株を買い、育てて収穫する。「育てる」といっても基本はほったらかしですし、実は手間はそんなにかかりません。しかも、株が育つと、芽が出て実がなり、それが配当とか優待という形になる。そうして得られた利益で、また新しい株を育てるのです。

「農業的」アプローチ

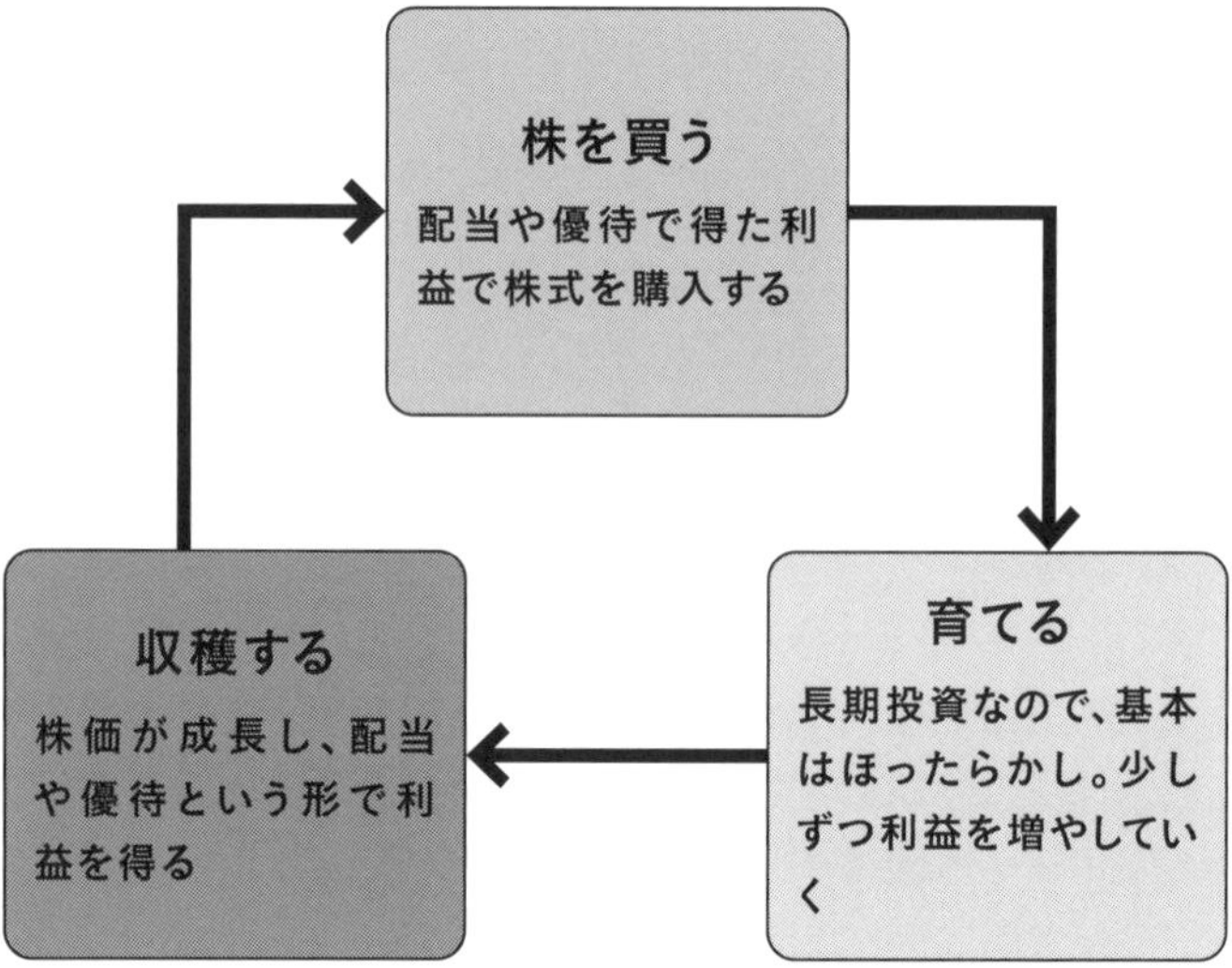
株を買う
配当や優待で得た利益で株式を購入する
育てる
長期投資なので、基本はほったらかし。少しずつ利益を増やしていく
収穫する
株価が成長し、配当や優待という形で利益を得る

この方法の利点は、繰り返しを楽しめること。短期売買のストレスから解放され、長期的な視点で投資を楽しむことができます。

そうした農業的なアプローチを行う際、「自分の生活の範囲内で使える優待株と、増収増益を繰り返している高配当株の組み合わせ」が最適だとかんちさんは考えています。

この戦略の利点は、日常生活と投資が密接に結びつくことです。

優待を使って生活の節約ができ、なおかつ高配当株で増配株を持っていれば、徐々に収入が増えていきます。この点で退職金の運用についても、かんちさんは現実的なアドバイスを提供しています。「例えば退職金2000万円がある場合、全額を投資に回す必要はありません。生活に必要な分を確保しつつ、残りを優待株と高配当株に分散投資することをおすすめします」。

また、かんちさんはリーマン・ショック時、株価が急落し、資産が減少する不安を感じる一方で、**配当や優待のレベルを維持する企業が多かったことに着目**しました。その結果、**利回りが20%から40%にもなる優待株が多数出現し、これらを積極的に買い集めたことが、その後の資産回復につながった**のです。

この経験から、かんちさんは「ピンチはチャンス」という教訓を得ます。楽観的な性格から前向きに考えることができたとかんちさんはいいますが、「いつ暴落するか」という過度の警戒心は避け、「**楽しみながら、株を長く続けること**」が最も重要だと強調しています。

投資の肝

優待銘柄や
高配当銘柄で
楽しみながら投資を行う

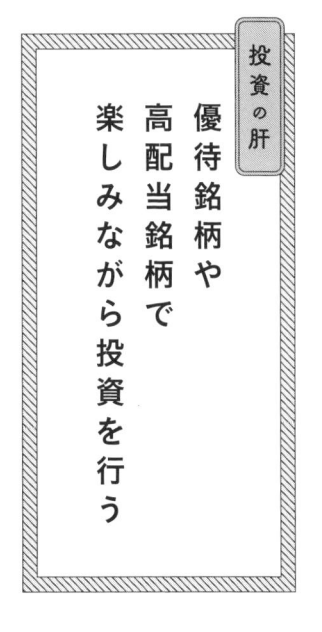

Investor3

[投資が趣味と語る理論派]

Yoshi

Yoshi

相場に適応しながら
スイングトレードで
資産を増やします

個人投資家

40歳前後に株式投資を始め、投資歴25年を超えるYoshiさん。資産が数億円に達しながら「相場はわからない」という結論に達する。楽観主義者で、自然体で投資に取り組む。

四半期ごとの業績を確認しつつ、数カ月ごとに持ち株を変えるスイングトレードを主とするYoshiさん。併せて信用売りも多用しています。投資を始めたころから変わらず一貫してそのスタイルで投資を続けるなかで見つけた相場との付き合い方を語ってもらいました。

投資スタイル

四半期ごとに業績を確認してスイングトレードを行う

□四半期ごとにポートフォリオの入れ替えを行う

投資の基本は分散投資といわれています。なかでも、特に初心者が心得ておくべきことは「長期分散投資」でしょう。目先のお金の増減にはとらわれず、少額でも長く投資を続けることがリスクを軽減した資産形成につながります。しかし、Yoshiさんの投資スタイルは、**数週間〜数カ月という期間で売買を行う「スイングトレード」をメイン**としています。

具体的には、「**四半期（3カ月）ごとの業績を確認しつつ、数カ月ごとに持ち株を整理することが多い**」といいます。なかには半年以上の長期保有を行う銘柄もありますが、株式投資を始めて20年来、基本的な投資スタイルは変えていないといいます。

業績や株価はもちろんですが、特に注視して見る指標は「ＰＥＲ」で、過去数年分のＰＥＲを参考に売買判断することが基軸です。

ポートフォリオは**常に40〜50銘柄くらいを保有しており、業績によって売買を行い、ポートフォリオの入れ替えを行っている**そう。よい銘柄があれば増えることもありますが、それでも70銘柄まではいかない範囲だと話します。これら保有銘柄は自分で表を作成して管理しているそうです。

◻下がりそうな株を見つけたら空売りする

スイングトレードをメインに行うＹｏｓｈｉさんですが、**信用売りも多用しているといい、下がりそうな株を常に探している**とも話します。

株式投資において信用売りとは証券会社に株を借りて売る取引を指します。株式を買って売るのを現物取引と呼ぶのに対して、信用取引といいます。逆に、買い建てることを「信用買い」ともいいます。信用売りは将来的に株価が下がることを見越して借りた株を

買いと売りの違い

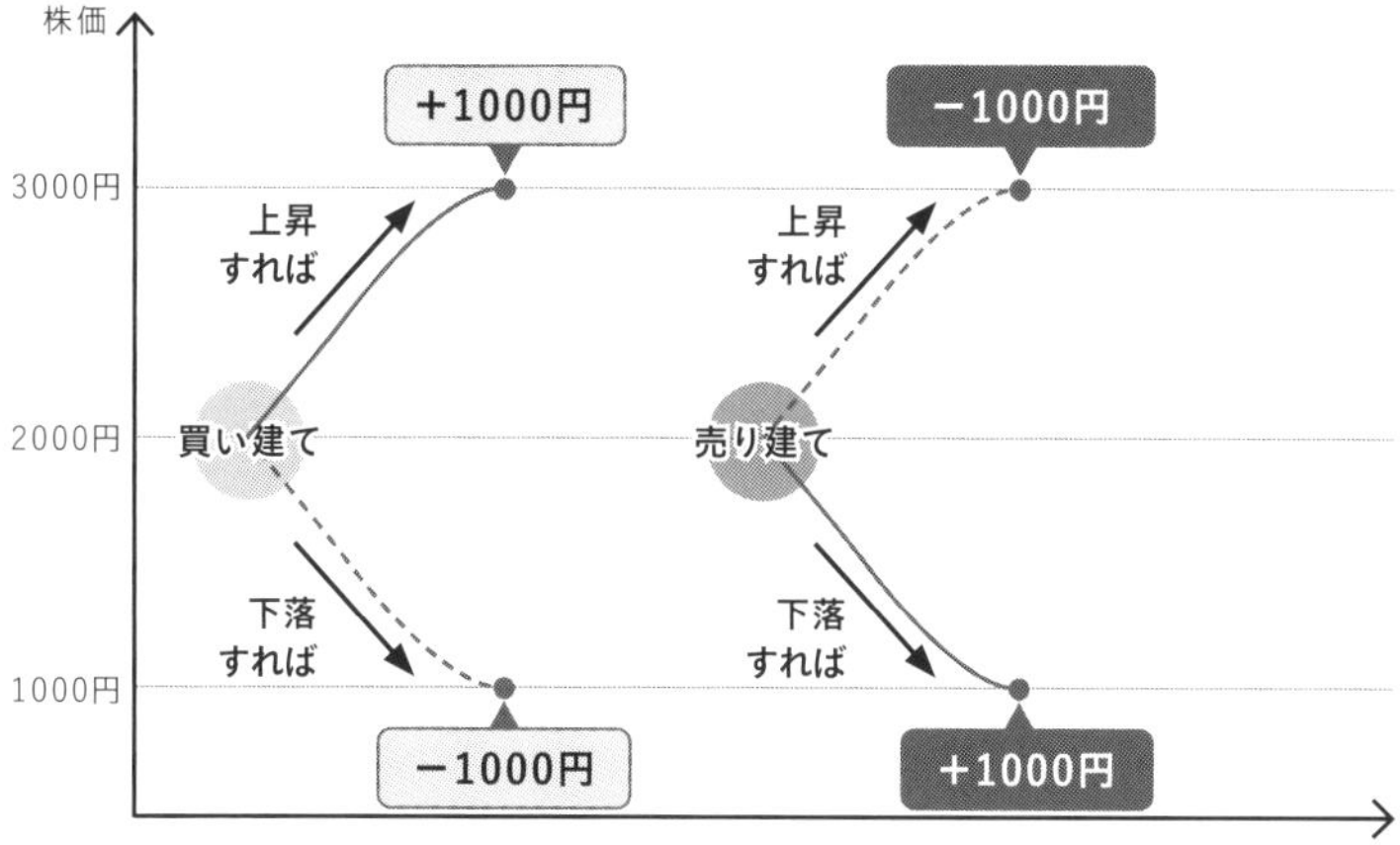

売り、値下がりしたときに買い戻して、その差額を利益につなげる手法です。このため、**全体の相場が下がっているときでもプラスにすることができる**のです。

例えば、過去数年分のＰＥＲの推移をチェックして、最高値に達しているタイミングなどは、短期で信用売りを行う狙い目だといいます。

投資の肝

四半期ごとの決算を確認しつつ保有銘柄の整理を行う

取引銘柄

業績から成長性を見込める銘柄へ投資を行う

◘ 2024年に急騰したダイダン

98ページでも触れたように、Yoshiさんの保有銘柄は常に40~50銘柄程度です。業績によっては多くの売買を行うこともありますが、それでも10銘柄程度の幅に収めているといいます。

そんなYoshiさんが**2024年に取引した銘柄のひとつに、ダイダン（1980）**があります。ダイダンは1903年に創業した老舗の総合設備工事会社で、日本武道館や東京国際空港旅客ターミナルビルなどの施工実績を有しています。主力の空調設備工事では、建物内の温度や湿度などを適切に維持するため、オフィスや病院など建物に応じた空

1980 ダイダン　日足

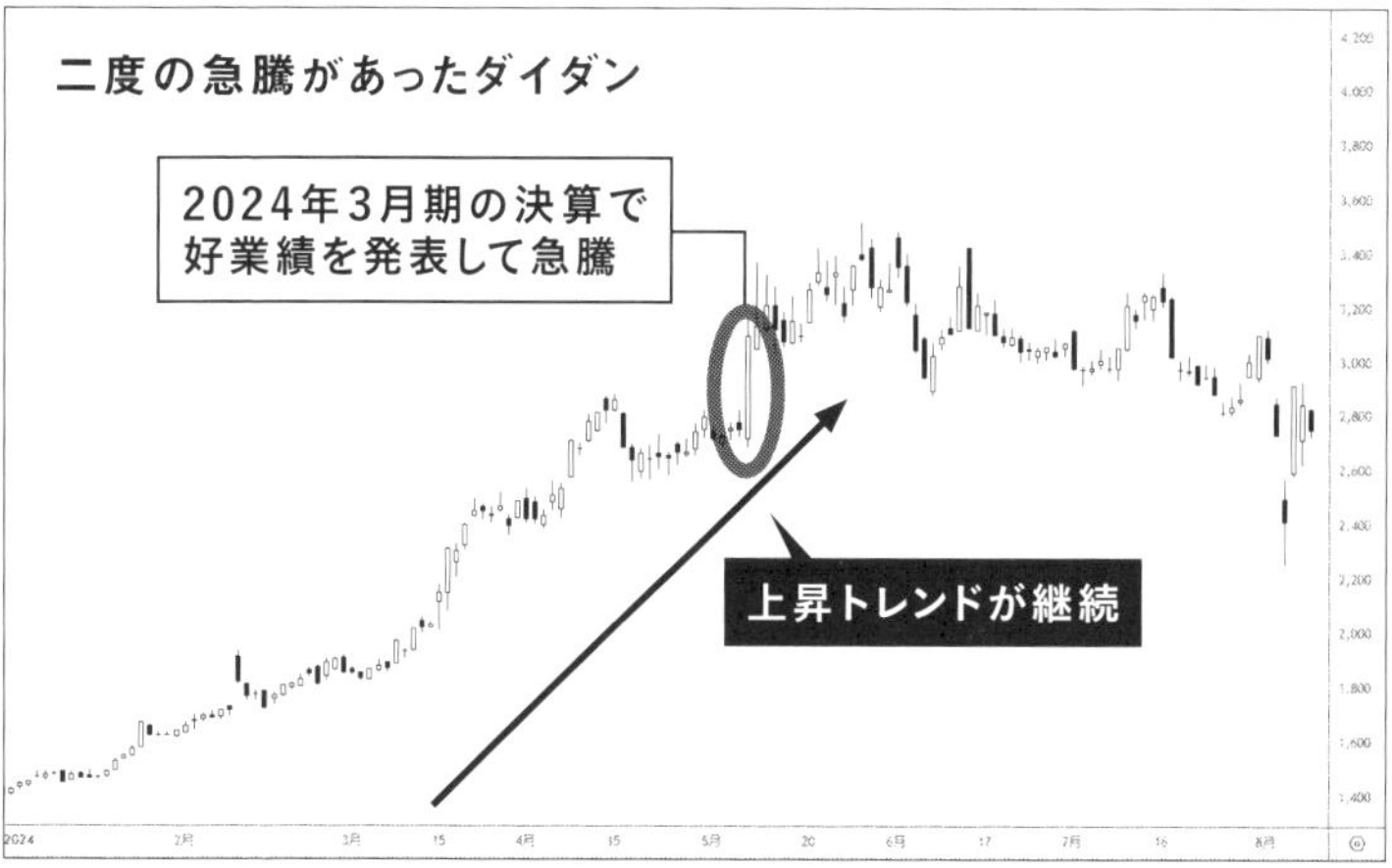
二度の急騰があったダイダン
2024年3月期の決算で
好業績を発表して急騰
上昇トレンドが継続

出所：TradingView

調設備を手がけています。給排水衛生設備工事では水・お湯・ガスの配給や消火設備を、電気設備工事では制御・監視技術を用いたシステムの構築、防災システムなどを提供しています。

２０１７〜２０２３年ごろの株価は１６００円台を天井として横ばいで推移していましたが、２０２４年に入ってからは上昇トレンドが継続。同年５月に発表した２０２４年３月期の決算では、連結経常利益が前期比の28％増、１１９億円となりました。

さらに、２０２５年３月期の予想も前期比28・４％増の１５３億円を見込み、過去最高益を更新する見通しを発表したことから、株価は2300円台に急騰しています。

大型の半導体工場や車載用電池工場の工事を受注したことや、近年の酷暑などが要因となって受注高が伸びており、以降も株価は順調な推移を見せています。

■数字で上昇の根拠を探る

チャートだけを見ても「なぜこの銘柄が上がっているのか」という理由を読み解くのは難しいです。ニュースを見れば世の中の流れや業界のことはわかっても、具体的にどういった企業の成長が見られるのか、なかでも特に著しい成長を見せている、または期待できる企業はどれなのか、ということはわかりません。そのため、定期的な業績のチェックは欠かせないのです。**決算を見れば、どの企業がどのような受注をしていて、この先も利益を見込めそうか——つまり、株価上昇の根拠がわかるようになり、これからの予想を立てることができる**ようになります。

そのほか、ダイダンと同じ空調・電気設備関連でYoshiさんが取引している銘柄は、太平電業（1968）、新日本空調（1952）、富士古河E&C（1775）などです。いずれの銘柄も2024年になって株価が大きく上昇しており、業界全体で人気が高

Yoshiさんが取引した銘柄の一部

銘柄名	銘柄コード	売上高の推移		
		2023年3月期	2024年3月期	2025年3月期(予想)
太平電業	1968	1257億7400万円	1293億6300万円	1390億円
新日本空調	1952	1122億3400万円	1279億7800万円	1330億円
富士古河E&C	1775	881億900万円	1036億4900万円	940億円

出所:日本経済新聞

いことがわかります。

今後に期待できる銘柄

投資する際は必ず過去数年分の業績を確認するというYoshiさんですが、企業が発表する経営計画から、今後の業績上昇に期待を寄せて銘柄を買うこともあるそうです。

その例として挙げられるのが、日本リビング保証(7320)です。

日本リビング保証は住宅設備の修理交換保証サービスなどの住宅関連事業を中心に展開している企業です。

Yoshiさんは、「直近に発表された中期経営計画が意欲的で、もし計画通りに業績が進めば株価の大幅な上昇が見込めること」が日本リビング保証の今後に期待を寄せている理由だといいます。

日本リビング保証は、過去の自社業績予想が常に保守的だったため、今回の中期経営計画も信頼性が高いとＹｏｓｈｉさんは考えます。

また、経営計画に信頼性が持てる理由として、日本リビング保証の業態がストック型ビジネスであるという点をＹｏｓｈｉさんは挙げています。

ストック型ビジネスとは、顧客が継続的にサービスを利用できるような仕組みを構築することで、獲得した顧客が離れにくく、長期的に安定した収益を上げられるようなビジネスモデルのことです。こういった業態の企業は常に業績が安定しやすいため、不況などにも強いという特徴があります。

日本リビング保証は、顧客と長きにわたって関わる事業が主軸であることからストック型ビジネスであるといえるため、長期的かつ安定的な収益が予測できます。つまり、業績の見通しが立ちやすいため、経営計画への信頼性が高くなるということがわかります。

このように、企業の安定性などが伺える場合においては、過去の業績に加えて、経営計画などの将来の業績予測を銘柄選びの参考にするべきだとＹｏｓｈｉさんは考えています。

7320 日本リビング保証 月足

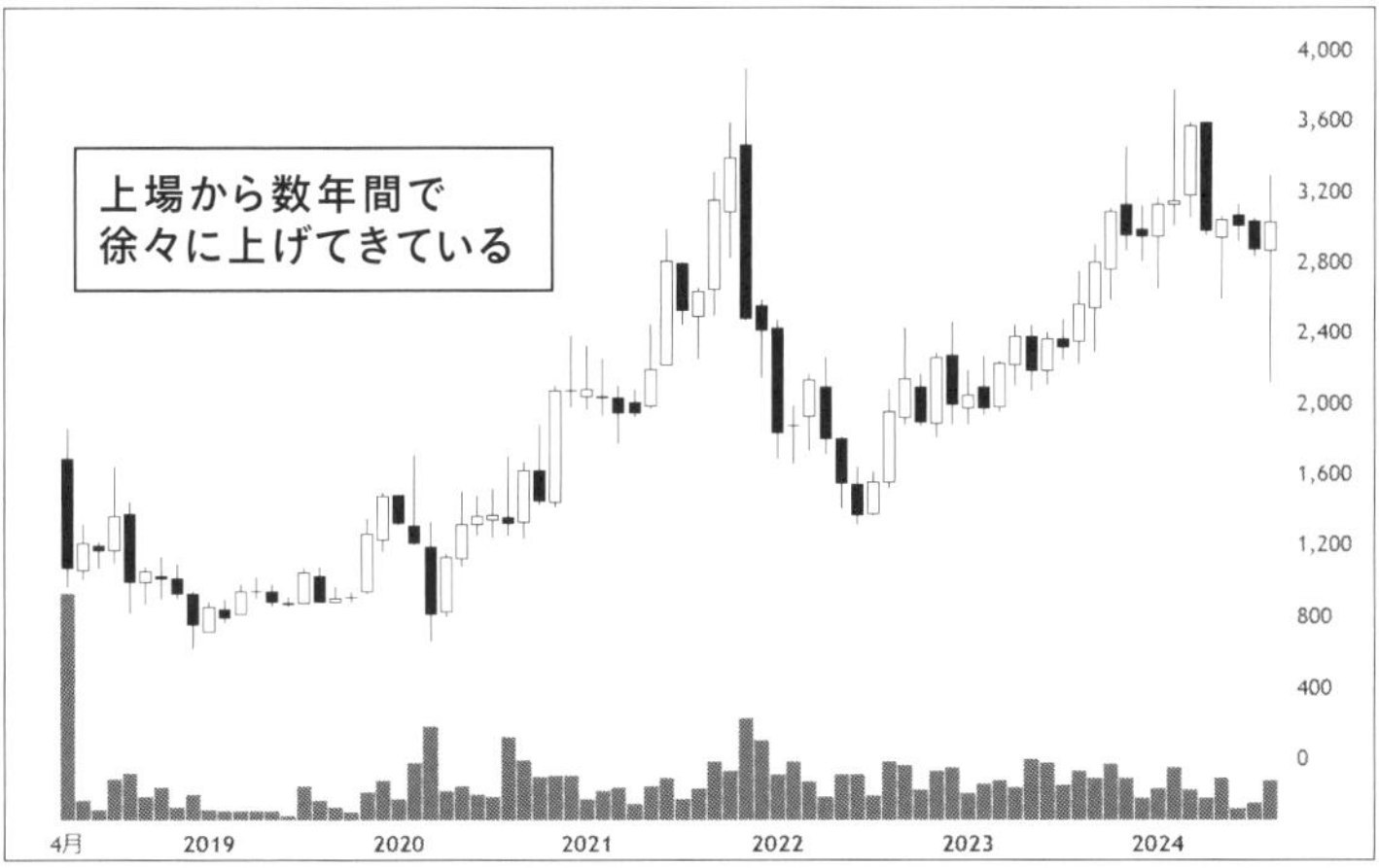

出所：TradingView

◻5〜6銘柄は長期保有

また、Yoshiさんの保有銘柄のうち、5〜6銘柄は半年以上の長期保有となっています。具体的に**長期保有をしている銘柄は、セレコーポレーション（5078）、東京海上ホールディングス（8766）**などです。

セレコーポレーションは、富裕層向けに若年層向け賃貸アパートの経営提案などを展開している不動産会社です。アパートの旗艦ブランド「My Style vintage」を筆頭に施工も手がけています。

2022年に上場した銘柄ですが、**不動産では珍しく無借金で現金保有の多いキャッシュリッチな会社で、ストック型ビジネスと**

5078 セレコーポレーション　週足

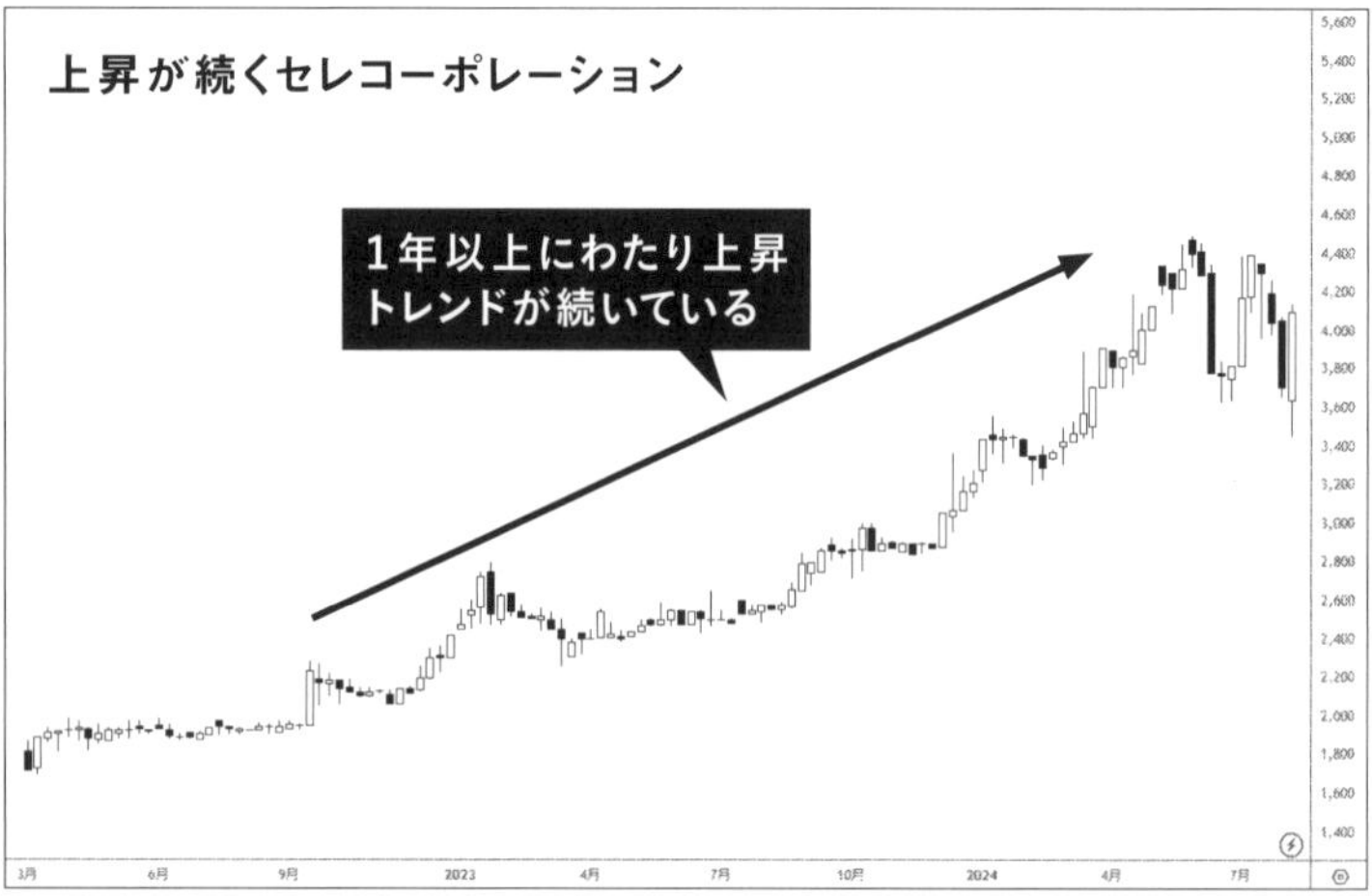
上昇が続くセレコーポレーション
1年以上にわたり上昇トレンドが続いている

出所：TradingView

いうことからも長期的な成長が見込める銘柄といえるでしょう。

東京海上ホールディングスは、東京海上火災と日動火災海上の経営統合で誕生した大手保険グループです。3メガ損保の一角といわれる東京海上日動火災のほか、イーデザイン損害保険などを傘下に抱えています。

特に東京海上日動火災は3メガ損保のなかでも業界売上トップを誇り、海外にも積極的に進出していることから、まだまだ伸びしろがあると判断しているとYoshiさんは述べています。

これらの銘柄のように、経営状況やビジネスモデルなどから長期的な伸びしろがあ

8766 東京海上ホールディングス 週足

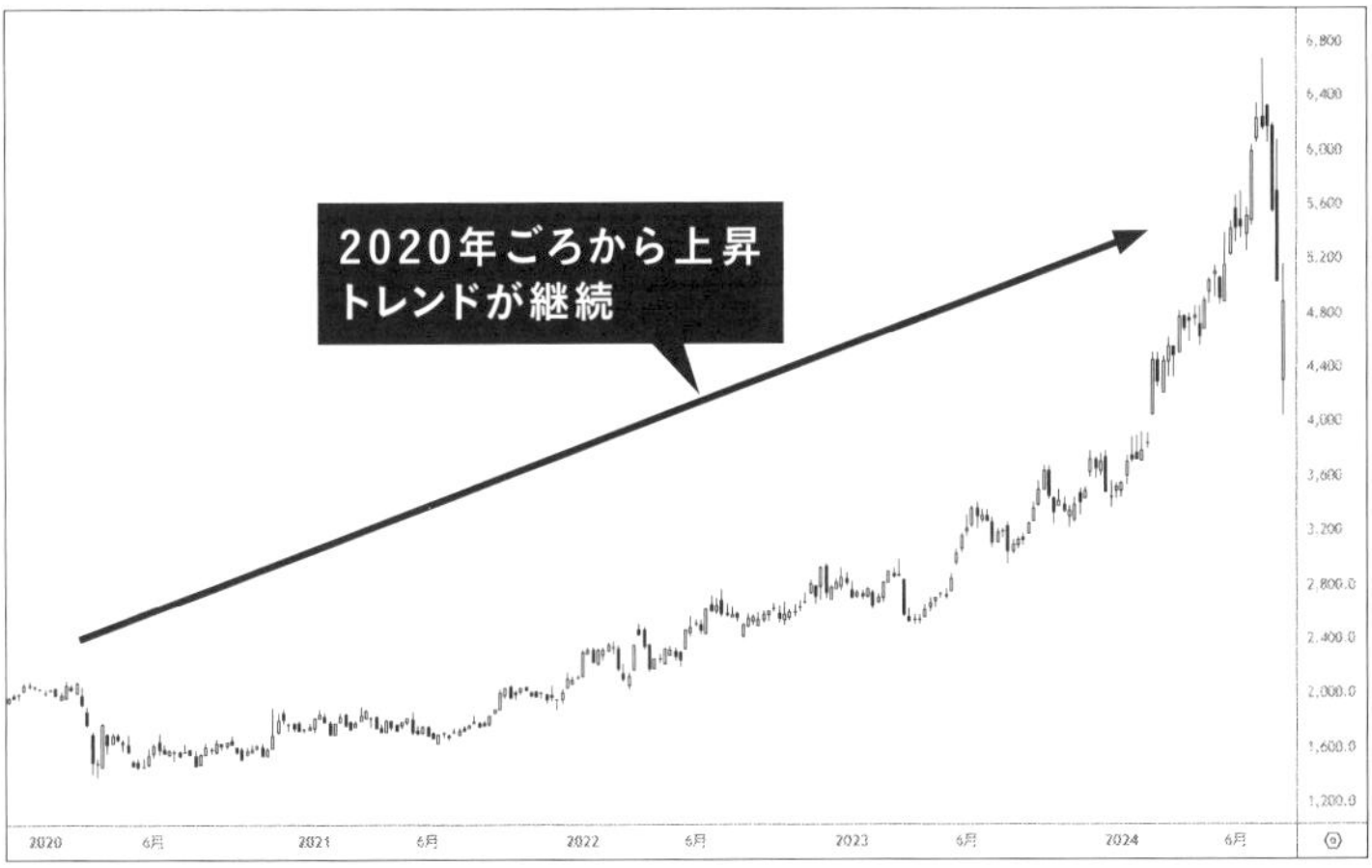

出所：TradingView

ると考えられる場合は、長期保有を選択することも手段のひとつであるといえます。

投資の肝

業績などの数字を根拠に成長性が期待できる銘柄を取引する

相場観

相場の変化に対して考え方を変えていく

□史上2番目の下げ幅を記録

2024年8月5日、日経平均株価は4451円28銭の急落、下落率は12・4%を記録し、過去2番目の下落率を記録しました。同2日に発表されたアメリカの雇用統計が市場予想を下回ったことなどが要因と考えられています。円高が進んでいた為替市場ではドル売りが進み、円相場が一時1ドル＝142円台まで急騰したことなどからも、アメリカの景気後退が強く懸念されていることが推測できます。4400円を超える下げ幅は、1987年に香港を皮切りとして起こった世界的な株価大暴落の〝ブラックマンデー〟の翌日を超えるものとなり、市場は大混乱に陥りました。

日経平均株価の歴代下落率

順位	年月日	日経平均株価終値	下落率
1	1987年10月20日	2万1910円8銭	-14.9%
2	2024年8月5日	3万1458円42銭	-12.4%
3	2008年10月16日	8458円45銭	-11.41%
4	2011年3月15日	8605円15銭	-10.55%
5	1953年3月5日	340円41銭	-10%
6	2008年10月10日	8276円43銭	-9.62%
7	2008年10月24日	7649円8銭	-9.6%
8	2008年10月8日	9203円32銭	-9.38%
9	1970年4月30日	2114円32銭	-8.69%
10	2016年6月24日	1万4952円2銭	-7.92%

ブラックマンデーの翌日（1位）

2024年8月の暴落（2位）

リーマン・ショックの影響（3位・6位・7位・8位）

出所：日経平均プロフィル

経済恐慌を経て得たこと

ただし、歴史を振り返ればこのような**経済におけるショックは数年に一度起こり得るものだということも事実**です。投資歴25年になるというYoshiさんは、これまでの相場をどのように見てきたのでしょうか。

Yoshiさんが投資を始めたのはITバブル最中の1999年。フリーランスとして働き、貯めていた貯金を使って始めたといいます。当時41歳だったYoshiさんは、まだまだ働ける年齢だったことからも、貯金が減ってもよいという覚悟を持っていたそうです。例えば

日経平均株価で見る主な日本の経済史

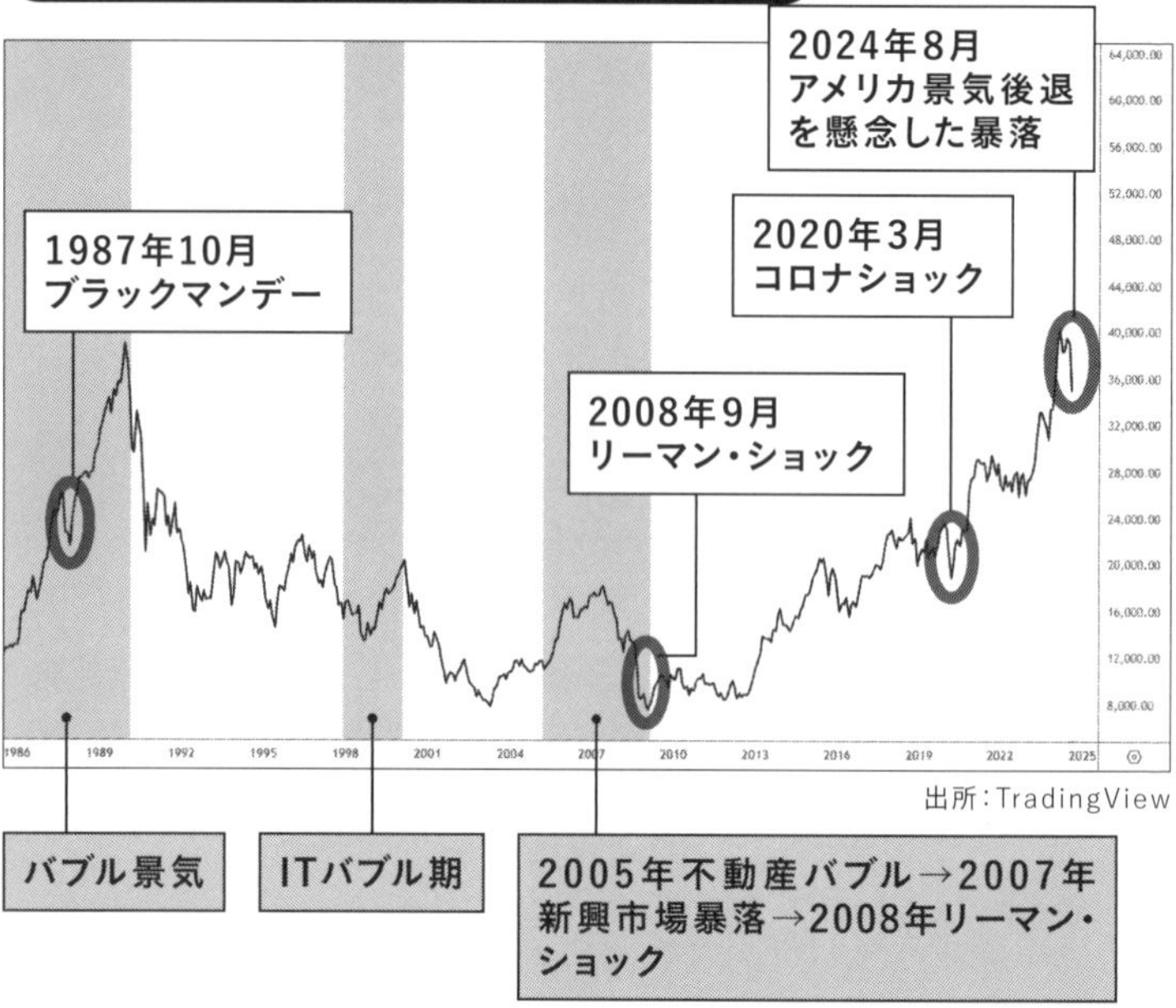

出所：TradingView

「1000万円あって、そのうち600万円を失って400万円になったとしても、人生にあまり影響はない」という考えです。

Yoshiさんが投資を始めた1999〜2000年代初頭まではITバブルが続いており、一時は5000万円程度にまで資産が膨らんだといいますが、バブル崩壊で資産はほぼゼロになったそうです。

2005年ごろには不動産流動化の波に乗って不動産バブルが到来。不動産銘柄が流行して資産を大きくした個人投資家が多かったといいますが、バブルは長くは続かずにすぐ崩壊しました。その後、2007年には新興市場暴落、2008年にはリーマン・ショックが立て続けに起こり、一時は3億5000万円を超えていた資産が一気に2000万円台まで減ったといいます。そんな経済の荒波を経験してきたYoshiさんは、自身を楽観的で株資産下落の痛みに鈍感だといい、だからこそ越えられてきたかもしれない、と話します。相場に対しては「**株の常識は絶えず変化しているからこそ、相場とは自分が考え方をあわせていくもの**」と語るのです。

◘相場に自分が対応していく

Yoshiさんが経験してきた経済恐慌だけでも、やはり大きなショックは数年に一度必ず起こるものといえますが、その後は必ず回復していることも事実です。実際、Yoshiさんは投資を始めてから投資スタイルを変えていないといいます。こうしたことからも、相場は絶えず変化するものと考え、次はどの業界で波が起こるのかと、自分で探って対応していくことが重要なのでしょう。

また、Yoshiさんは「正直なところ相場は予想できない」としつつも、「**下がってもいずれは上がっていくだろうという期待を持っている**」と話します。市場全体が下がっているなかでも、よい業績を出している企業の株価は上がる――こうした期待を持っているからこそ、企業の業績を徹底的にチェックし、上がりそうな銘柄・下がりそうな銘柄を見つけては投資を続けていけるのです。そして、投資を長く続けている結果が資産というかたちで表れているのでしょう。

大事なことは相場（市場全体）を読もうとはせず、業界ごとに見ていくこと。そのときどきで上下する業界や銘柄は変わりますから、そうした流れを見ることです。この流れを掴むには、**とにかくチャートを眺めて学んでいくしかない**と述べています。

◘大型株への投資へシフトチェンジ

相場に関しては柔軟な考えを持つＹｏｓｈｉさんですが、それでも直近２～３年程度は大きな相場の流れを掴めずに苦戦したといいます。特に２０２４年に入ってから日経平均株価が４万円台へ向けて上昇していた時期は、まったく利益を出すことができなかったと述べています。

２０２４年に日経平均株価が史上最高値を更新しましたが、この上昇は大型株によるもので、小型株は鳴かず飛ばずの状態が続いていました。このような状況にもかかわらず、

大型株と小型株の比較

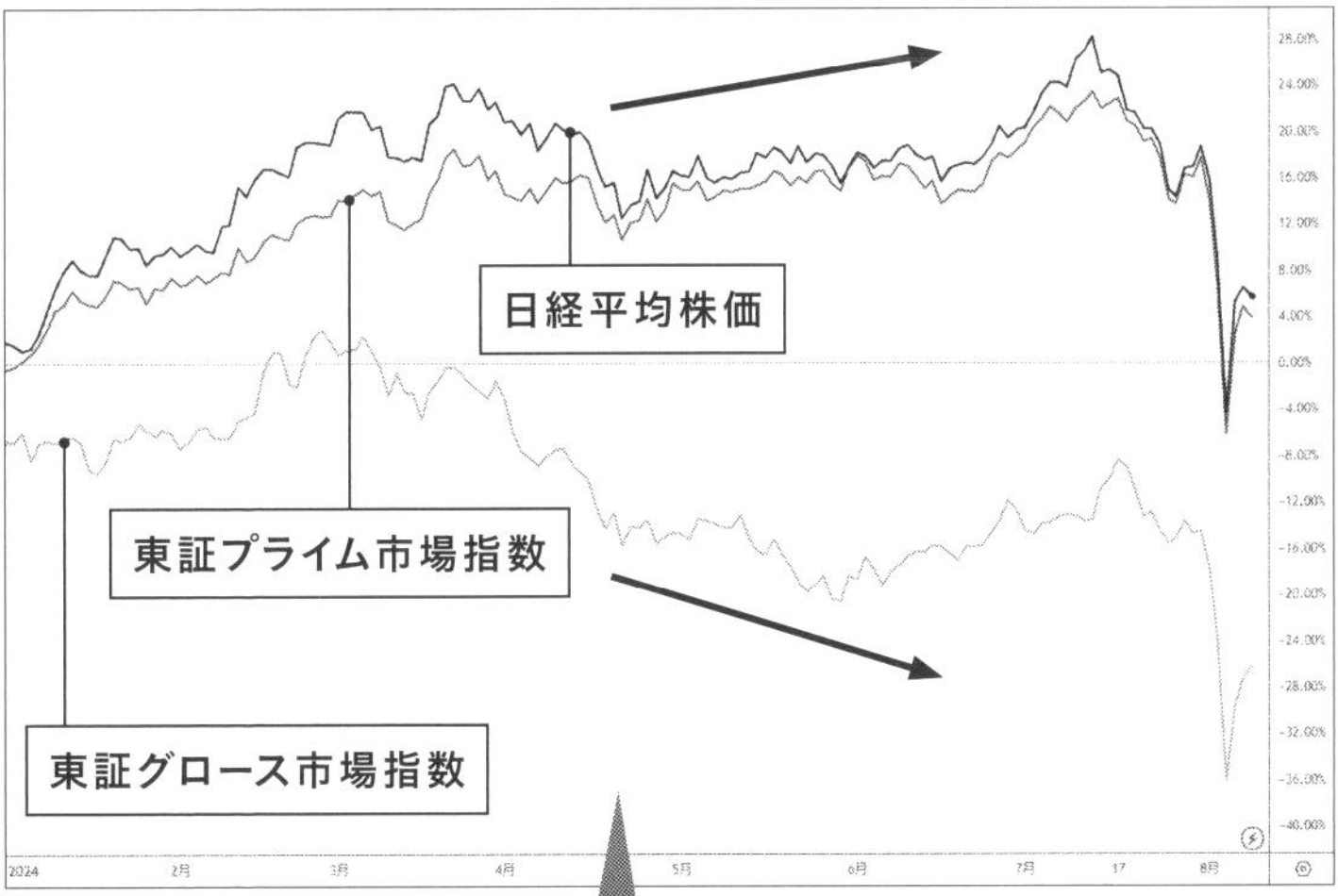

出所：TradingView

東証プライム市場指数と日経平均株価の連動は強いが、東証グロース市場指数と日経平均株価は最高値に向けて異なる動きを見せている

割高に見える大型株を空売りし、小型株を買うかたちで大きな損をしました。近年では一番の失敗です。

　このような投資を行った経緯は、「小型株も遅れての上昇を見込んだため」とYoshiさんは話しています。実際に「日経平均株価の上昇が大型株だけによるもの」と判断できるのは、そのトレンドが終わってからであって、トレンドが続く最中にはわからないものです。大型株の上昇に引っ張られて小型株も上昇するのか、またはその

小型株から大型株へシフトチェンジした例

OUT **デジタルアーツ(2326)**
ウェブサイトやメールなどのセキュリティソフトの開発・提供を行う

OUT **ストライク(6196)**
主に後継者不足で悩む中小企業の代わりに買収先を探すM&A仲介企業

▼

IN **東京海上ホールディングス(8766)**
独自性の高い商品・サービスを国内外で展開する大手保険グループ

IN **住友電気工業(5802)**
光ファイバなど通信インフラに強みを持つ電線メーカーの国内最大手

ままなのかという判断は、極めて難しいとしています。

この反省を活かし、現在は**大型株や、時価総額は小さくとも小型株には属さないような銘柄に軸足を移している**そうです。時価総額が小さくとも小型株に属さない銘柄についてＹｏｓｈｉさんは、「太平電業（１９６８）のような実直そうな会社や下落に強いスーパー関連銘柄などが多い」としています。

一般的に時価総額３０００億円以上の企業を大型株、時価総額１０００億円以下の企業を小型株としています。太平電業は時価総額１０５６

1968 太平電業 日足

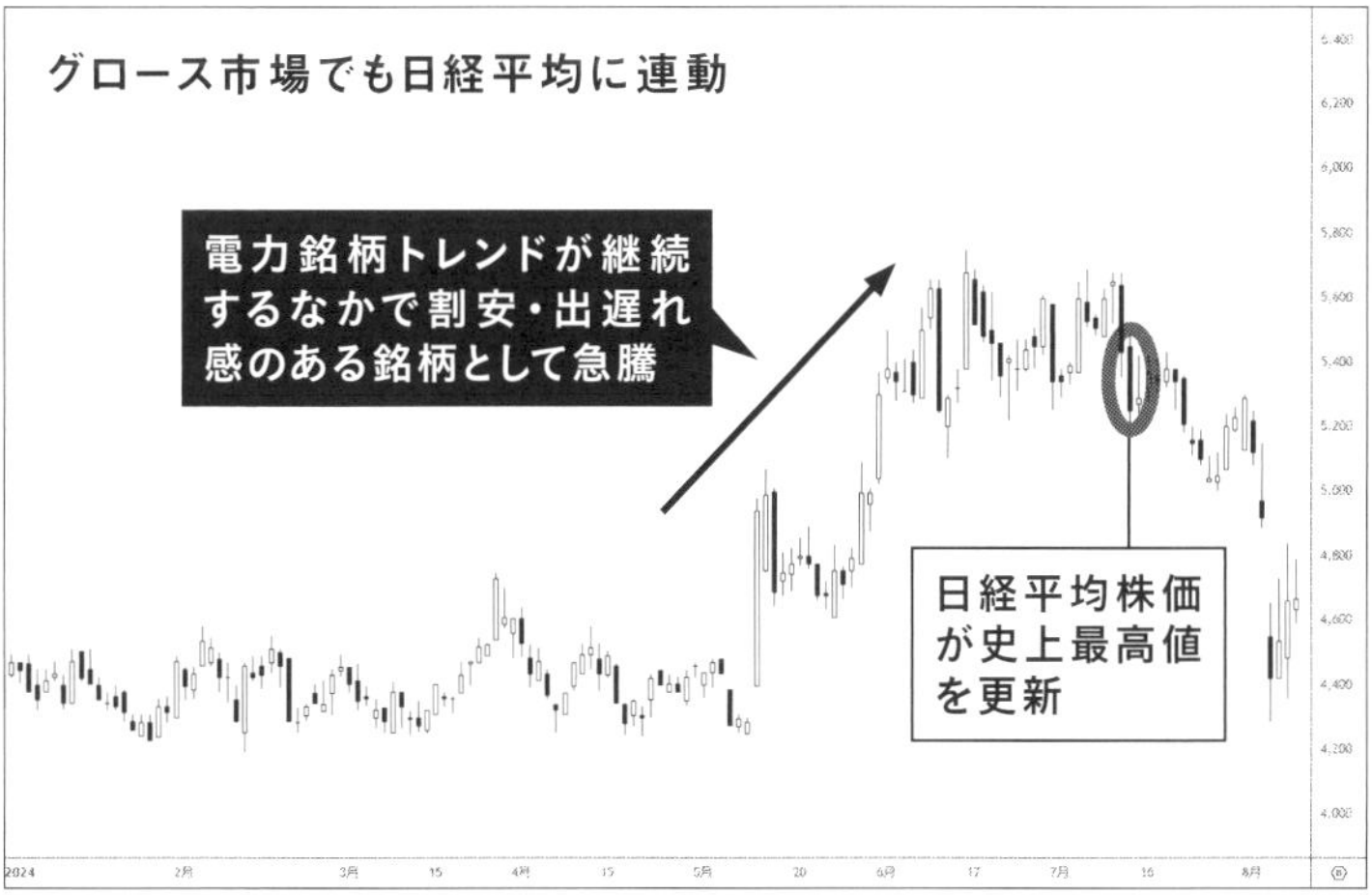
グロース市場でも日経平均に連動
電力銘柄トレンドが継続するなかで割安・出遅れ感のある銘柄として急騰
日経平均株価が史上最高値を更新

出所：TradingView

億円（2024年8月時点）で、時価総額だけでいえば小型株に近いですが、多くの小型株が下落傾向にあった2024年に株価が順調に推移していた銘柄です。

こうした過去の失敗を活かして、現在の流れに沿った相場への考え方や投資銘柄をアップデートしていくことが大切なのでしょう。

投資の肝

業界ごとの上下を見て成長が期待できる銘柄を見つけていく

判断基準

業績で候補を挙げてPERと株価で買いを決める

□過去数年分の業績をチェックする

Ｙｏｓｈｉさんが取引する銘柄の判断基準は、「過去数年分の業績」と「ＰＥＲ」、「株価」の3つです。

基本的には**過去7〜8年分の業績をチェックし、毎年増益傾向にあれば買いの候補になるといいます**。このとき、よい業績であってもそれが一過性のものではないかと推測するそう。そのために1年ごとだけではなく、四半期ごとの業績を必ず調べるのがポイントです。

そこから、よい業績・悪い業績のときの株価やＰＥＲを見て、天井や底がどれくらいの

セクター別PERの平均値

セクター	PER(倍)	セクター	PER(倍)
水産・農林業	11.2	精密機器	21.9
鉱業	7.2	その他製品	16.3
建設業	14.6	電気・ガス業	6.7
食料品	20.2	陸運業	14.6
繊維製品	22.8	海運業	7.9
パルプ・紙	10.1	空運業	9.8
化学	21.2	倉庫・運輸関連業	13.1
医薬品	25.8	情報・通信業	22.2
石油・石炭製品	8.5	卸売業	12.7
ゴム製品	11.2	小売業	21.4
ガラス・土石製品	18.4	銀行業	12.8
鉄鋼	8.6	証券、商品先物取引業	15.1
非鉄金属	76.5	保険業	15.3
金属製品	17.6	その他金融業	11.4
機械	17.9	不動産業	14.1
電気機器	25.3	サービス業	20.7
輸送用機器	14.6		

※東証プライム市場の単純PER
出所：日本取引所グループ「規模別・業種別PER・PBR（連結・単体）一覧」（2024年7月末）

水準になっているのかを把握し、現在の株価がどの位置にいるのかを確認します。そこで割安なら買い入れるといった判断が基本だそうです。

一般的にPERは「15倍を基準として、15倍未満なら割安、15倍以上なら割高と判断する」という見方をしますが、これはあくまでも簡単な目安です。Yoshiさんは**特にPERの基準は設けていません。業界ごと、または企業ごと（競合する企業同士など）に相対的に見ていくこと**

5年ごとのPERの変遷

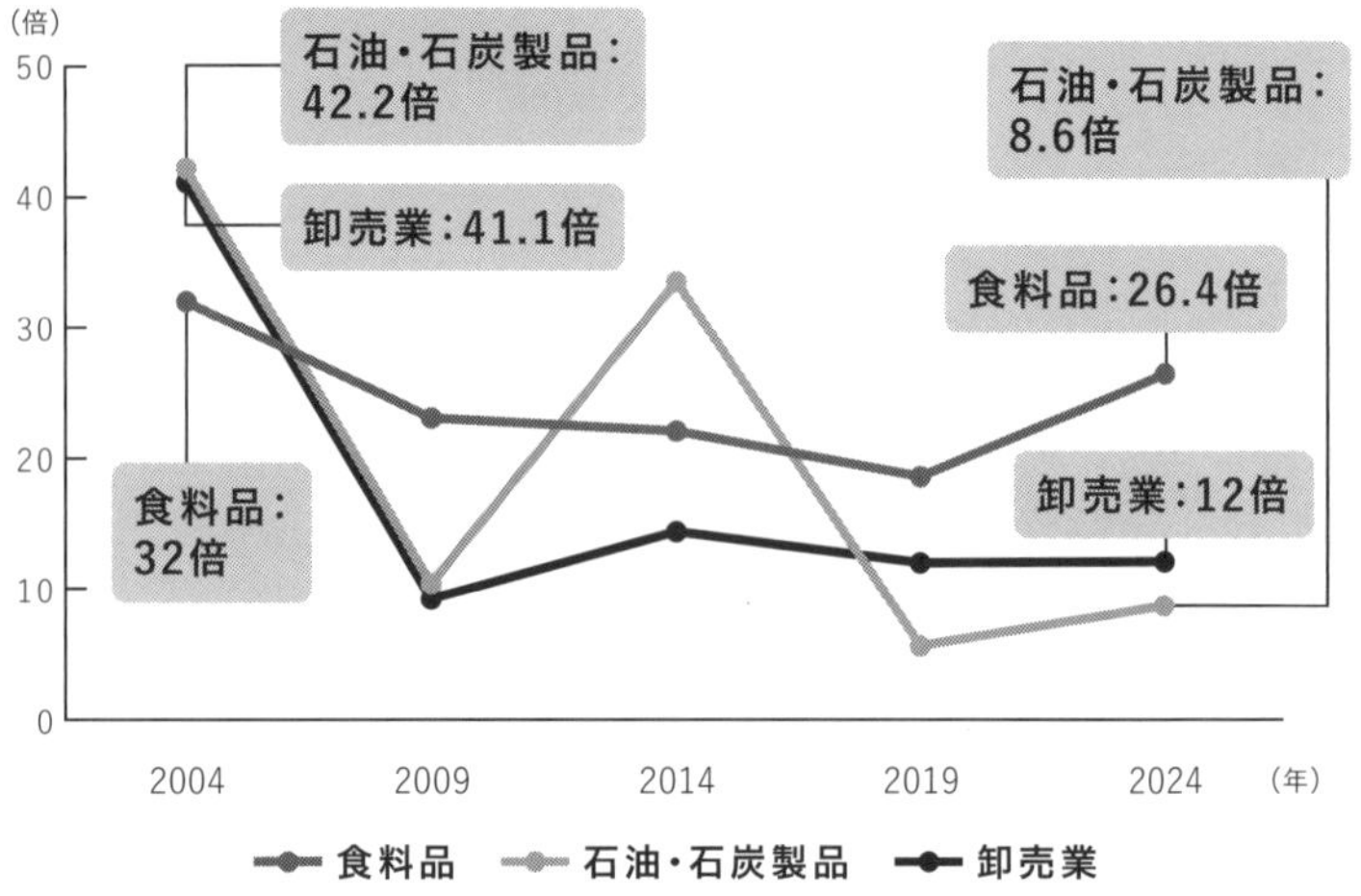

出所：日本取引所グループ「規模別・業種別PER・PBR（連結・単体）一覧」
※2004年〜2019年は東証第一部市場の数値、2024年は東証プライム市場の数値を掲載

が大事だといいます。

日本取引所グループの「規模別・業種別PER」によると、食料品のPERは26・4倍、石油・石炭製品は8・6倍、卸売業は12倍（いずれも2024年1月末時点、プライム市場の平均値）で、一様に15倍を目安とするのは難しいでしょう。

10年前の「規模別・業種別PER」は、食料品のPERは22倍、石油・石炭製品は33・5倍、卸売業は14・3倍（いずれも2014年1月末時点、第一部市場の平均値）です。

さらに20年前の「規模別・業種別PER」は、食料品のPERは32倍、石

油・石炭製品は42・2倍、卸売業は41・1倍（いずれも2004年1月末時点、第一部市場の平均値）となっています。

時代の移り変わりにより、PERの平均値も大きく変動していることがわかります。一般的な目安を基準とするのではなく、あくまでも時代にあわせてひとつひとつの銘柄のデータを見て判断することが大事でしょう。

加えて、Yoshiさんは「借入金が多い企業のPERが8倍だと高すぎる」「成長性が年に15〜20％以上と高く、知的産業に関わる企業やストック型ビジネスだとPERが15倍でも安いかもしれない」といった基準で判断しているといいます。

最初からここまで詳しく読み解くことはできずとも、「15倍を目安」としているだけでは情報として不十分であることを念頭に置きながら、PERを見る習慣をつけるとよいでしょう。

成長銘柄は買い入れる

取引銘柄を決める際、Yoshiさんは上場後10年弱の業績をチェックすることから、IPO銘柄や上場後間もない銘柄の取引は行わないといいます。

セレコーポレーションの業績

決算期	売上高	営業利益	経常利益	純利益	PER※
2024年2月期	231億300万円	16億3700万円	16億5800万円	11億900万円	10.57倍
2023年2月期	213億7500万円	12億3300万円	12億5400万円	8億5300万円	10.14倍
2022年2月期	184億2400万円	9億1100万円	9億8000万円	106億7900万円	—
2021年2月期	170億8400万円	10億5100万円	11億1800万円	5億7600万円	—

※PERは期末の終値によって算出

出所：セレコーポレーション

しかし、上場後間もない銘柄であっても、大きな成長性が見られる銘柄には期待を寄せることもあります。

１０５ページでも取り上げていますが、２０２２年３月に上場したセレコーポレーション（５０７８）などの銘柄の取引をすでにＹｏｓｈｉさんは行っています。

これは収益性の向上やビジネスモデルの安定性などによって成長性があると見込めるうえに、借入金がなく手持ちキャッシュが時価総額以上という大きな安心材料があったため、買いの判断をしたようです。

セレコーポレーションの貸借対照表を見ると、純資産に対する負債の割合が極端に少ないことがわかります。そのため、不測

セレコーポレーションの貸借対照表

単位：千円

資産の部		負債の部	
流動資産	21,098,546	流動負債	4,431,119
現金及び預金	17,180,353	固定負債	267,120
仕掛販売用不動産	1,976,913	負債合計	4,698,239
：	：	**純資産の部**	
固定資産	2,899,587	純資産合計	19,299,893
合計	23,998,133	合計	23,998,133

出所：セレコーポレーション 貸借対照表（2025年2月期第一四半期）

の事態にも対応できるような安定した経営を期待できるといえます。

こういった銘柄を見つけるには、銘柄探しの際に決算書を細かく読むことが重要だということがわかります。

投資の肝

PERは業界・企業ごとにチェックして独自の基準を持つ

売買時期

よい業績の割安株を買い下方修正で下げた株を損切り

売買のどちらもPERを基準とする

Yoshiさんは、40～50に及ぶ保有銘柄の四半期ごとの業績を絶えずチェックしているといいます。

そのうえで「よい業績で、かつ株価が割安だと思われる銘柄があったら買い入れる」という手法をとっています。そのため、売買時期は四半期ごとの業績が出たタイミングともいえるでしょう。

こうした割安の銘柄を買い入れて上昇した場合の売却時期は、その銘柄のPERが過去の水準と比較して最高値に近くなったときと決めているといいます。そのためにも新し

5802 住友電気工業　日足

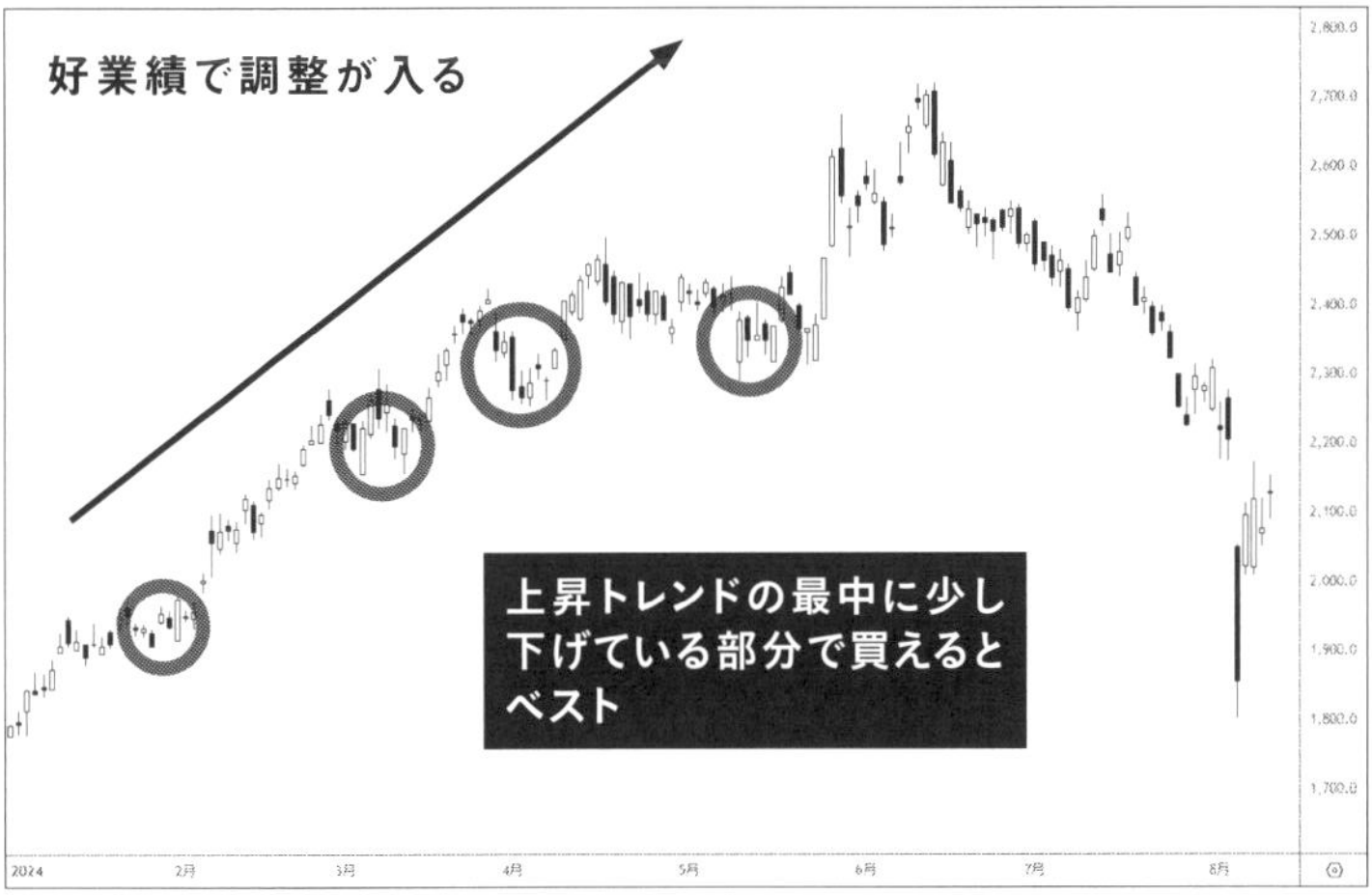
好業績で調整が入る
上昇トレンドの最中に少し下げている部分で買えるとベスト

出所：TradingView

く買い入れる際に過去数年分の業績をチェックし、PERの高値と安値の把握は必須だというわけです。

□短期トレードになることも

ただし、**好業績でありながら一時的な調整で株価が2〜3割落ち込んでいる場合も買いの判断をする**といいます。この際のポイントとして、過去に何度かあった調整と同様に2〜3割落ちていて、かつ業績には不安材料が無いように見える時は、下値不安が少ないと判断することができます。

どんな銘柄でも、上がり続ける、または下がり続けることはありません。どこかで必ず調整や反発が起こりますから、そうした一時的な株価の上下は業績を見て見極める必要があります。

こうした銘柄を買い入れた場合は、株価が戻って再び上昇し始めるタイミングで売ることもあるそう。このときの売買はスイングトレードよりも短い期間の売買になることも多いとＹｏｓｈｉさんはいいます。

しかし、**想定以上に下落が続く場合は、隠れた悪材料がある可能性を考えて、一部もしくはすべてを売却する**ようです。

◘暴落の理由が下方修正なら損切り

２０２４年８月に起こった株価大暴落のように市場全体の暴落が起こった場合は、信用取引していた銘柄を少しずつ手放しながら耐えるといった手法をとっています。

銘柄単体の暴落が起こった場合、**下げの理由が下方修正（業績悪化）であればすぐに損切りの判断**をします。このように下げの理由が明確だけれども、すでに売られ過ぎと感じた場合は保有することもあるようですが、ほとんどは損切りだそうです。

ほかにも予想外の悪材料が出ていたら損切りの判断をすることが多いですが、もともと

6645 オムロン 日足

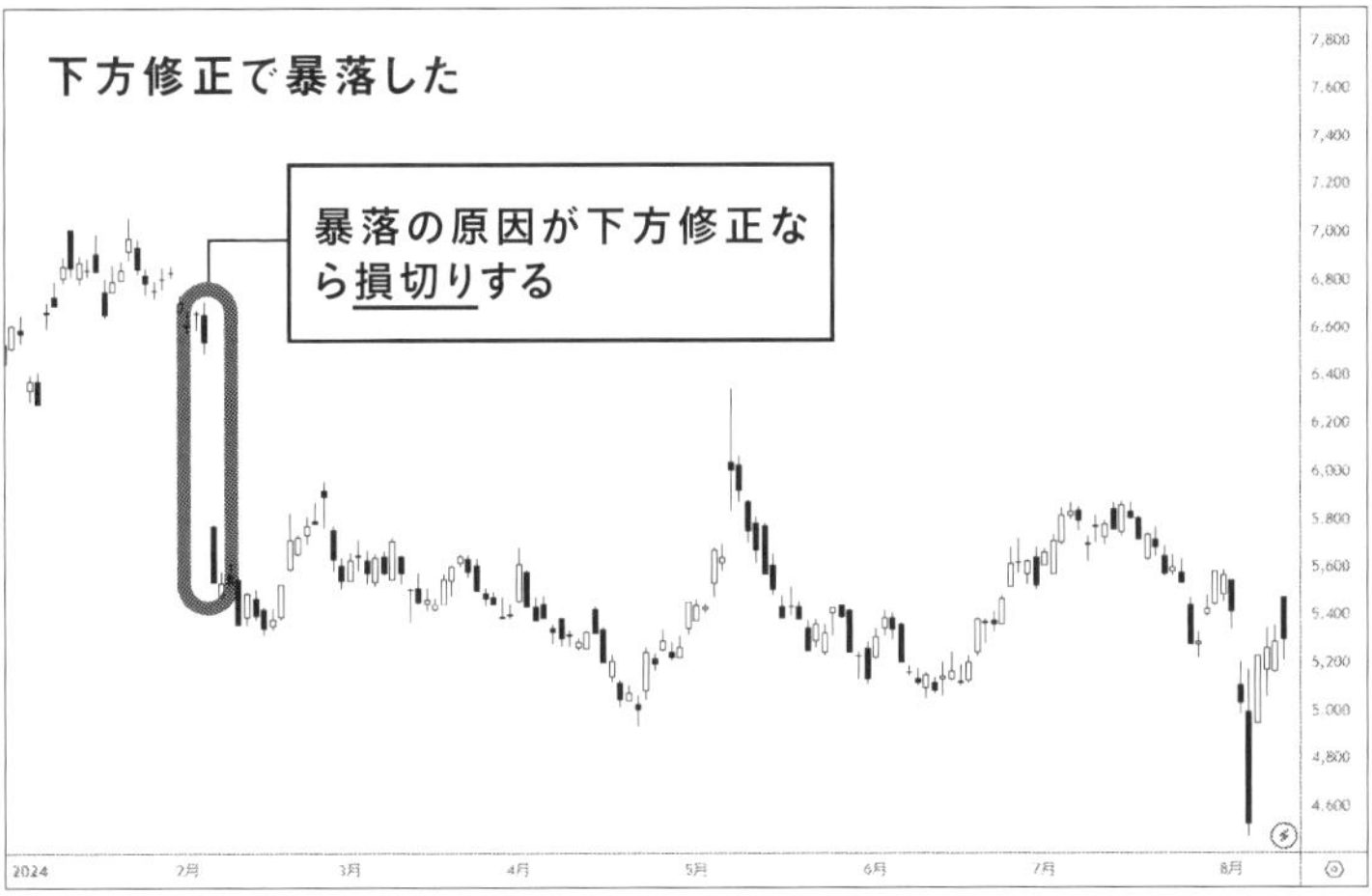

出所：TradingView

株価が安い銘柄で大したことのない悪材料が出て下げた場合には、保有を続けることもあるといいます。

いずれの場合も、株価の暴落が起きてすぐに売ってしまうのではなく、下落した理由を把握してから冷静に判断することが重要です。

投資の肝

株価下落の理由が業績悪化であればすぐに損切りする

注目銘柄

PERの上昇している銘柄こそが注目銘柄

□世界情勢やニュースは気にしない

世界情勢やトレンドなどにより、今後の成長が期待できる銘柄は常に変わります。アフターコロナを経て、日経平均株価の歴史的大暴落を記録した2024年。ですが、Ｙｏｓｈｉさんは、世界情勢やニュースなどはあまり気にしていません。**常に銘柄ごとのＰＥＲの変動を見て、今はこの業界が上がっているな、下がっているな、という自分なりの判断**をしていきます。

例えば、昨今ＡＩ関連銘柄が話題に上がることが多いですが、そうした**話題だけでＡＩ関連銘柄を買い入れることはしない**といいます。Ｙｏｓｈｉさんはあくまでも「数字がすべて」という〝ブレない自分軸〟のもとに投資を行っています。そのときどきでセクターの相場は流れるように変化するため、その流れを追うために日夜奮闘しているのです。

SNSはあまり見ない

そんな揺るがない自分軸を持っているYoshiさんだからこそ、SNSでの情報収集もあまりしないといいます。

近年はX（旧Twitter）や掲示板など、SNSへの書き込みがとても多く、大物投資家の注目銘柄を参考にしている人も多いのではないかと思いますが、YoshiさんはSNSの書き込みをほとんど見ません。持ち株を公開しているブログを2〜3程度見て真似たりすることもありますが、割合でいえば1割未満です。ただひたすらに成長性のある割安株を探しています。

PERは推移をチェックする

PERを見続けてきたYoshiさんだからこそ、PERの動きを敏感に感じ取ることができているのでしょう。昨今のPERの変動については、小型株、特にグロース株と呼

小型株のPERの変遷

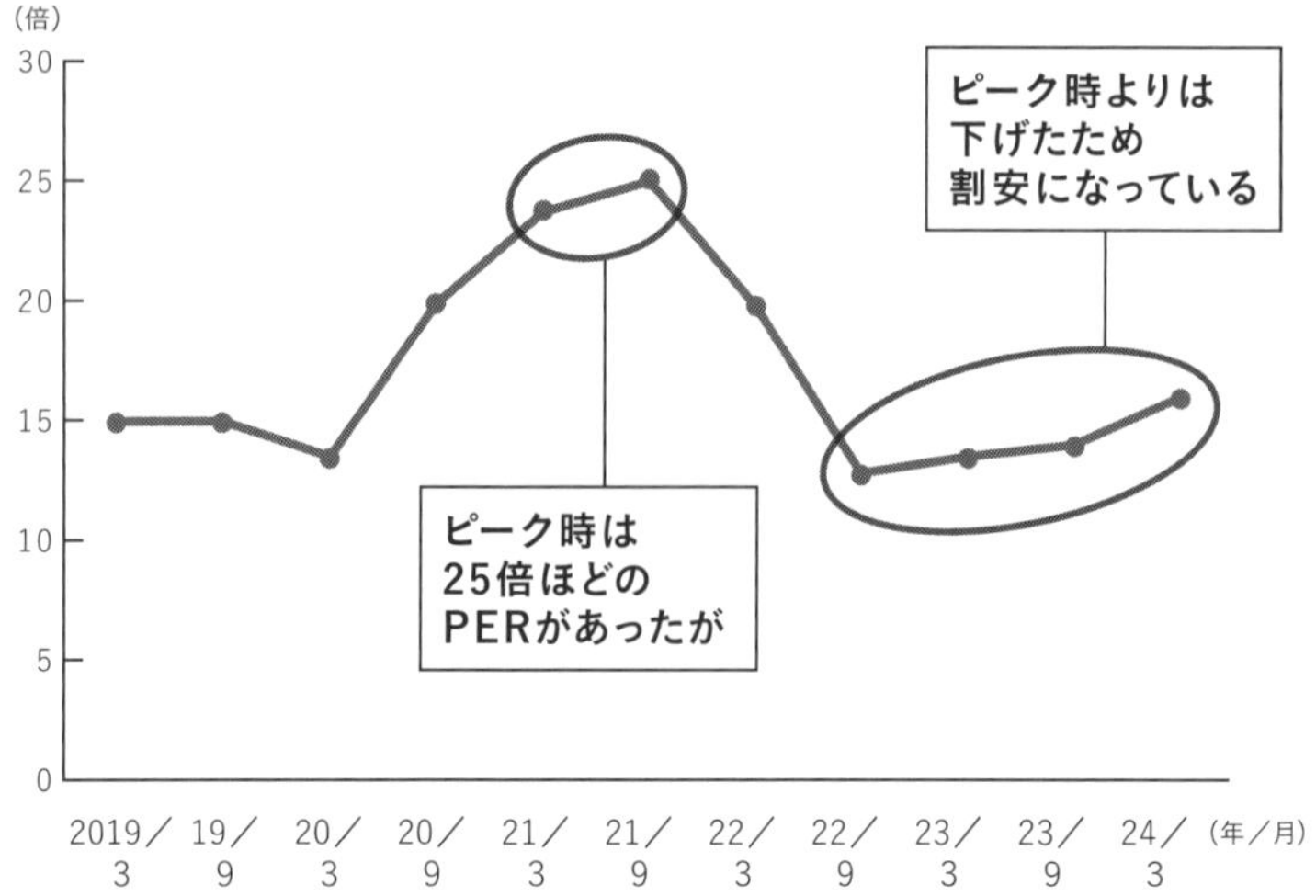

出所：日本取引所グループ

ばれる株のPERは、3年くらい前は50～100といった銘柄がたくさんありましたが、最近では大きく売られていて15～20くらいの銘柄が多いとYoshiさんは見ています。

小型株全体のPERは下がってきているようですが、逆に**以前は低いことが当たり前であった素材・資源・商社といった銘柄のPERはどんどん上昇している**といいます。こうした銘柄を見極めては買い入れておけば、業績以上に株価が上昇し、利益を享受できるのです。

最近の取引については、102ページでも挙げたような空調・電気設備関連の業績が伸びており、いくつか買い入れていました。2024年8月の株価大暴落で空調関連はかなり落ちてしまいましたが、電気設備関連で業績のよい銘柄は、何とか粘っているところも多かったといえるでしょう。

投資の肝

PERの変動によって注目すべき銘柄や業界が変わる

心構え

投資を楽しみながら取引から学びを得る

投資は趣味のようなもの

Ｙｏｓｈｉさんは働きながら投資を行う兼業投資家を続けてきました。年を重ねて今はほぼ専業投資家の状態だと話しますが、基盤となる収入があったからこそ、経済恐慌の荒波も越えられてきたのかもしれません。そして、これまで25年ほど投資を続けてきたＹｏｓｈｉさんは、どのような心持ちだったのでしょうか。

お金がほしいという欲がいちばんの原動力だとＹｏｓｈｉさんは笑いますが、ただ、投資が好きで趣味のようになっていたことも大きいです。**1日中チャートに張りついたり、業績のよい銘柄をリサーチしたりすることが苦ではなく、楽しんでやれていることが強み**

のひとつといえるでしょう。

また、相場に対する心持ちで大切なこととして、相場は絶えず変化していくものと認識することに加え、極力思考を柔軟に、市場の動向にあわせるように心がけています。時代の流れで市場を予測できることもありますが、そうした考えがずっと通用するわけではありません。相場の変化を感じるには、常に相場を見続けていくことが重要なのでしょう。

加えて大事なこととしては、一つひとつの取引から学ぶこととしています。**プラスになった取引も、マイナスになった取引も、そのときの相場に対して自分がどのように考えたか、何を基準に判断して利益・損失が出たのかなど何かしら感じるものがある**でしょうから、そうした自分の考えを大切にしていってほしい——そうYoshiさんは語ります。

> **投資の肝**
>
> **投資を好きになって楽しむと長く投資を続けることにつながる**

アドバイス

投資は知的好奇心を満たせるこのうえない趣味

市場を〝散歩〟して相場観を掴む

自身でも投資を趣味のようなものとしているYoshiさんですが、投資を趣味にすることはおすすめだといいます。

投資が趣味になれば日々の生活においても楽しむことができますし、それでいてお金が増えます。もちろん減る場合もありますが、このうえない趣味だと思っています。ですが、**投資をする前にはヤフーファイナンスなどの投資系サイトをたくさん閲覧して、市場を散歩してみる**とよいです。

投資系のサイトでは、各銘柄の株価がリアルタイムでわかりますし、そのほか詳しい情報も得ることができます。特に、次のようなことを考えてみるとよいとＹｏｓｈｉさんはいいます。

自分が知っている企業の業績と時価総額を調べて、その企業にどれだけの価値があるのかを知る。**株価が急に上がっている、または下がっている株を見つけて、その理由を推測する。その日新しく発表されたばかりの四半期業績を見て、明日の株価が上がるか、下がるかを予想**してみる。そうしていれば、知的好奇心を満たしながら、相場観もついてくるでしょう。

◻有能な投資家の真似から始めてもよい

また、はじめから自分で考えるのが難しいという場合は、有能な投資家が紹介している銘柄を真似てみることもひとつの手だとＹｏｓｈｉさんはいいます。

他人の銘柄を真似ることをタブーとする人も多いようですが、ひとつの手法としてはよいと思います。ただし、盲信して買うのではなく、いくつかの銘柄をピックアップしたうえで、最終的には自分で詳しい情報を調べ上げてから買いの判断をすべきです。Ｙｏｓｈｉさんも**銘柄を紹介しているブログを見て真似ることもありますが、さらに自分で調べて**

から判断するようにしています。

□初心者向けの本を1冊読む

投資の知識や情報を得る方法については、いくつかポイントがあります。

ひとつは、初心者向けの本を何冊か読むこと。本が好きならたくさん読んでもよいですが、まず1冊は読んでほしいものです。**本と相場を行き来すれば、臨場感も味わえます。**本だけでは理解できないことが、相場を見たらわかるようになることもありますし、逆も然りです。

個人投資家のオフ会や研究会などに顔を出すのもよいと思います。インターネットにはない情報も得られると思いますし、横のつながりもできます。ただ、いかがわしい詐欺まがいのものも多数あるようですから、注意も必要です。例えば大きな金額がかかるセミナー等には手を出さないなどと、自分のなかで決めておくとよいでしょう。

□シニアの資産の使い方

日本経済の荒波を越えて、シニアを迎えたYoshiさん。

資産を一番増やしたときは、人材派遣業界が大きく伸びていたとき。当時は小型株が人気で1年で資産を3倍にしたこともありました。このときも同じ投資スタイルを貫いたわけですが、相場がよければどんどん増えるし、悪ければ逆に大きく下がります。上がるときの余力をとっておいて、下落相場を補っていけるとよいと思います。

Ｙｏｓｈｉさんは現在66歳。年金をもらえる年齢ですし、日々生活費は取り崩しています。投資は今までのように楽しみますが、子どもに資産を残してあげたいな、なんてことも思っています。もし今から、数百万円以上の資金から投資を始めるのであれば、現金比率は大きいほうがよいでしょう。もし大きく下がったときに現金がまったくないとなると、生活費に困ってしまいます。

一時のニュースや資産の増減にはできるだけ振り回されず、淡々と、コツコツと、地に足のついた手法で投資を積み重ねること――これこそが、投資を楽しみながら資産形成をしていく〝Ｙｏｓｈｉさん流・投資のコツ〟なのかもしれません。

投資の肝

能力のある投資家が保有する銘柄の真似から始めてみるのも手

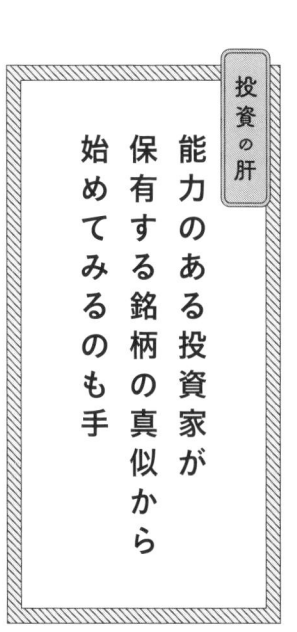

Investor 4

［ グロース株とバリュー株を狙う ］

Nob

NOB

割安成長株への
長期的な分散投資で
堅実に資産を増やします

個人投資家（X：@nob_Osa）

元メガバンクの銀行員を経て、上場メーカー財務部長、中堅製薬会社CFOを務める。その間に貯蓄5000万円で本格的に株式投資を開始。現在は割安成長株への投資が中心。資産は約6億円。

様々な指標や各銘柄のチャート、財務諸表などを隈なく確認した上で堅実な投資を行うNobさん。投資への視野を柔軟に広げるために、勉強会や横のつながりも重視しています。割安成長株を見つける判断基準や投資経験から得た知見などを語ってもらいました。

投資スタイル

割安成長株に分散投資を行い長期的な資産増大を目指す

◻試行錯誤を経て投資スタイルを確立

Nobさんが行う投資は、**ほぼすべて割安成長株への長期投資**です。

以前に、デイトレードやスイングトレードといった投資方法を試したこともありましたが、これらの投資方法は、長期投資とは銘柄選びや売買判断のやり方が大きく異なるため、本業などの自身の生活スタイルとの折り合いがつかずに撤退しています。このような遍歴から、投資を始めた当初から投資スタイルが決まっていたわけではなく、試行錯誤の時期を経たうえで現在の投資スタイルを確立したことがわかります。

また、**1銘柄の保有金額を総ポートフォリオの5%以下に抑える分散投資**をNobさんは長らく行ってきました。これには、業種や経営規模などの銘柄の特徴を細分化したうえで選んだそれぞれの銘柄に、銘柄数の偏りを持たせないことで、投資資産全体のリスクを回避する目的があります。

つまり、**数多くの割安成長株に分散投資を行うことで、長期的な資産増大を目指す**ことがＮｏｂさんの投資スタイルの基本であるといえます。

■最初で最後の大型投資判断

堅実な投資手法を好むＮｏｂさんですが、ときに大きな勝負に出ることもあります。

Ｎｏｂさんは、投資活動の一環として勉強会や意見交換会などの、他の投資家との交流も積極的に行っています。そういったなかで、参加した勉強会でマクロ経済動向から同業界の日本株の過去の推移に連動・追随する外国のある銘柄を知ったといいます。

この銘柄に惚れ込んだＮｏｂさんは、自身が保有している値上がりこそしていて含み益があるが、伸びしろがなくなってきたいくつかの銘柄を売却して資金としたうえで、総資金の４分の１の投資を行いました。

先述したように、Ｎｏｂさんはリスク回避のため、投資資産に対しての１銘柄の割合を

5％に抑えるという手法を普段から重視しているため、この破格の投資はNobさんの投資スタイルのなかではきわめて例外的な、大型判断であることがわかります。

許容できるリスクの範囲で判断する

Nobさんはこの一件に対して、「極端に失敗して全損したとしても残る投資資産が十分あるため、投資活動や生活にはまったく影響しないので、大型購入に踏み切った」としており、「年齢的に最初で最後の大型投資判断になる」と考えています。

リスク回避を念頭に置く堅実な投資を基本とするNobさんですが、**長く投資を続けてきたなかで培った経験則による例外的な大型判断も、リスクを許容できるのであればいとわない**という、柔軟な思考を持ちあわせた投資家であることがこのエピソードからわかります。

投資の肝

**1銘柄への集中を避け
割安成長株への
長期分散投資を行う**

取引銘柄

持ち方と売り方の両方を考慮したポートフォリオ

キャピタルゲイン狙いでグロース株へ長期投資

Ｎｏｂさんは現在、**２８００〜３００ほどの銘柄へ投資しています。業種も商社、金融、流通、機械とさまざまな分野へ投資しつつ、海外の銘柄も保有する分散投資**を行っています。２０２１年時点では２５０程度でしたが、投資を経て資金が増え、それに対応するように保有銘柄も増えました。

Ｎｏｂさんは投資に際して、２つの考え方に即してポートフォリオを組んでいます。

まずひとつ目が、**キャピタイルゲインを狙ったグロース株への長期投資**です。

某外国の割安成長銘柄を主軸にしつつ、過去のリーマン・ショックなど日本市場暴落時に買った銘柄も保有し続けています。

その際、各銘柄のポートフォリオに占める割合は5%以下に抑えるようにしています。

配当狙いの銘柄を暴落時に買う

2つ目が、**国内外の高配当株や優待株です。こちらも前述の日本市場暴落時に購入し、それ以来持ち続けている**ものが多いそうです。

そのなかでも**三菱商事（8058）やコマツ（6301）、三菱UFJ（8306）や竹内製作所（6432）などは取得価格が低い一方で増配が重なって含み益が大きくなった銘柄**だといいます。

特にコマツや三菱商事は投資元本に対する利回りがそれぞれ41・54%、20・16%と非常に高い益回りとなっていることから、市場が暴落したからといって慌てて売ってしまうと、数年後の大きな利益への可能性を逃してしまいかねないという示唆を含んでいるといえるでしょう。当然、その銘柄が業績を回復できるのか、暴落前の水準を超えられるのかどうかは誰にもわかりません。それでも、財務諸表や四季報などを通じて情報を得れば、ある程度の予測は立てられます。こうした情報収集や株式関連の書類やチャートの読み解きは不可欠であると、Nobさんは語っています。

Nobさんのポートフォリオは、**割安成長株への投資率が6～7割で、残りの3割ほどで高配当株・優待株への投資**を行っています。

ただ現在はこれ以上株価が上がらない、上がりづらい状態にあるとにらんだグロース株は売却し、その空いた枠分25%ほどを造船業の銘柄で補填しています。**三井E&S（7003）や名村造船所（7014）など国内の造船業銘柄をはじめ、造船業である海外の銘柄**にも投資を行っています。

◘NISAを使って高配当株の所得税を回避

Nobさんは NISA口座でも取引を行っており、主に高配当株や優待株への投資をメインに行っています。2024年1月に始まった新NISA枠内の銘柄は、前述した暴落時のタイミングには仕込みができず、そのキャピタルゲインは現時点ではあまりないといいます。

しかし、NISA枠におけるNobさんの狙いはキャピタルゲインではなく、配当金や株主優待などのインカムゲインです。

配当金は本来20・315%の税金が課せられますが、NISAを通じた国内の配当金を受け取るときには、上限内であれば課税されません。配当金が一期前より増額される「増配」の銘柄は業績もよいことが多く、好んで投資しています。こうした**インカムゲイン重視の銘柄は長期的な保有が前提になるので、基本的に売却することはありません。**

配当利回りの高さや株主優待の充実度は、それを狙いにした投資家がいるほどの大きな指標でもあります。つまり、配当利回りや株主優待の有無や拡充、改悪で株価が簡単に上下する銘柄でもあるということです。Nobさんはこの点に関して、経営者も株主優待や配当利回りの重要性は理解しているはずで、制度の継続にどれくらいのコストがかかるかも計算すればわかるため、やはり業績がよければ利回りや優待制度は充実し、株価も上がる正のスパイラルになると話しています。実際にNobさんがNISA枠で持つ優待銘柄のうち、優待を廃止した銘柄はないそうです。

投資の肝

値上がり期待・配当狙い
目的別にバランスを取り
ポートフォリオを組む

判断基準

複数の指標をもとに多角的に銘柄を判断する

□銘柄に関しての意見交換を行う

Ｎｏｂさんが銘柄選定に際してよく参考にするもののひとつとして、株式投資を行う人たちの集まり、いわゆる「株式クラスタ」での交流があります。ＸなどのＳＮＳでつながりのある株式クラスタの投資家が投稿する個別銘柄に関するポストを見たり、そうした人たちとの**勉強会を通じて新たな銘柄を知ったりして、それを自分なりに分析し投資するかどうかを決める**のも、Ｎｏｂさんの投資スタイルのひとつです。

その際に参照するのが、**データに関しては「会社四季報オンライン」、具体的な数値算出と分析には「理論株価」という指標**です。

Nobさんは以前、書籍版の四季報を利用していたそうですが、現在はスクリーニングが容易で勉強会などへ持ち運ぶ必要もなく銘柄研究がしやすいことから、オンライン版を活用しています。気になる業界があると、四季報オンラインを使ってざっと見通し、そのなかで仲間の話にあったものや自分が気になった銘柄の理解を深めます。

◘「理論株価」を銘柄選びの材料にする

「理論株価」とは簡単にいえば「本来的な株価」。過去の業績や財務状況、将来的な成長性などを加味して、現在の株価との差異をはかる指標のひとつです。

現在の株価にまだ上昇の余地があるのか、それとも成長しづらい時期にあるのか、成長性に関わる指標を計算に組み込んであるため簡略的ながら総合的に株価水準をはかることができます。

一般的には「PER×BPS×ROE」で算出されますが、この指標を扱うメディアによってはこの算出方法が異なることがあります。つまり、すべての数値が一致するわけではないということになります。

そこでNobさんは、少なくとも3つの異なる理論株価を参照するといいます。そして銘柄選定の材料にするのは、そのなかで最も数値が低い銘柄です。

ほかの指標と組み合わせて株価の伸びが期待できるものを探すことや、なるべくリスクを抑えるということが主な理由です。また、理論株価が高くてもその水準まで実際に伸びあがることはそれほど多くないという経験もあり、やはり数値の低いものを採用するようにしています。

理論株価を活用するときは、過去10年間の最高値を基準にしましょう。**最も安い理論株価が過去10年来の最高値と大きな差がなければ、現在までの業績が順当に推移してきている結果と見なすことができる**ため、ある程度安心感を持って投資できるといいます。

しかし、理論株価が過去10年来の最高値の2倍、3倍を超えるような場合には注意が必要です。もちろん、企業の競争力が10年間で大きく飛躍した可能性もありますが、その反面、競争力が伴わないまま一過性の熱で市場の需要が多くなっている可能性があるからです。つまり、長期的に見たとき、将来的な成長が望みにくいかもしれない、ということです。

Nobさんは基本的に理論株価を超えれば利確（利益確定）を行い、成長のシナリオが崩れれば売却しますが、こうした状況で売るかどうかの判断を即決することはしません。

こうしたときに判断材料になるのが、やはり業績や成長性です。**経営成績がよければ持ち続ける可能性が高いし、反対に実力が伴っていなければ売却候補**になり得ます。

これらを記した書類を読み解けることが、「勝ち」につながる売買のタイミングをつかむカギでもあるのです。

■財務諸表で営業利益率を確認する

そうした**業績や成長性を見ることができるのが、「財務諸表」**です。

企業が投資家などの利害関係者に対して一定期間の経営状況や財務状況を記した財務諸表。これに分類される書類はいくつか種類がありますが、企業の財政状態がわかる貸借対照表（BS）や経営成績がわかる損益計算書（PL）、企業の現金の流れがわかるキャッシュフロー計算書の3つからなる「財務三表」は、少なくともデータを読み解けるようになるとよいでしょう。

Nobさんがそのなかでも特に重要視しているのが**損益計算書に記された売上高と営業利益、そして、営業利益が売上高に占める割合を示す売上高営業利益率**です。

投資では「企業の稼ぐ力」があるかどうかが重要です。営業利益を見れば、企業が本業

売上高営業利益率の求め方

売上高営業利益率 ＝ 営業利益（儲けた額） ／ 売上高（稼いだ額）

で稼いだ儲け、つまり企業の稼ぐ力がどれほどの競争力を持っているのかがわかります。その点において、投資するか否かの判断をする根本的な数字でもあるということができ、これらの数値が伸びていることが大切です。**売上高営業利益率の平均値は業界によって差がありますが、一般的には4％ほどが標準、10％以上だと優良**であるとされます。業界ごとの平均値をおさえつつ、この値が高い企業へ投資するとよいでしょう。

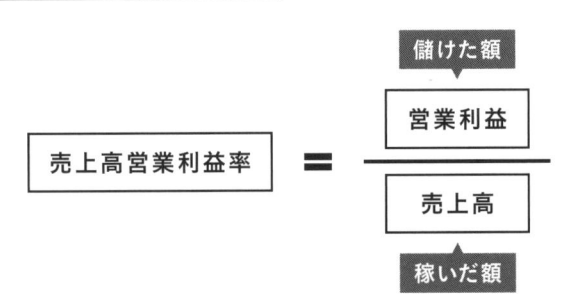

□チャートパターンを覚える

銘柄の選定や売買に関してＮｏｂさんは、少なくともチャートの基本形とされるいくつかのパターンを覚えることが重要であるといいます。

株式クラスタの交流においても、ほぼ全員がこうしたチャートの知識を有しており、それを前提として話がなされることもあるといいます。情報の場として株式クラスタでの交流をすすめるＮｏｂさんは、こうした知識があったほうが話に入りやすくなり、交流も深まるということから、まずはこれを覚えることを推奨しています。

実際Ｎｏｂさんも、**ローソク線の動きの形を覚えるところから投資を始めた**といいます。

◻ボリンジャーバンドで見る仕込みどき

チャートの形や移動平均線のほかに使える指標として、ボリンジャーバンドがあります。

ボリンジャーバンドを簡単に説明すると、株価の上下の幅を帯状に可視化したものといえます。日足の移動平均線を中心線として、近い順に上はプラス1σ、プラス2σ、プラス3σ、下がそれぞれマイナス1σ、マイナス2σ、マイナス3σとなります。

それぞれのバンドは一定の確率でそのなかに株価が収斂するということを示します。具体的にいうと、プラスマイナス1σのバンド内では68・3%、プラスマイナス2σでは95・4%、プラスマイナス3σでは99・7%の確率で、その範囲において株価が上下する

ボリンジャーバンドの見方

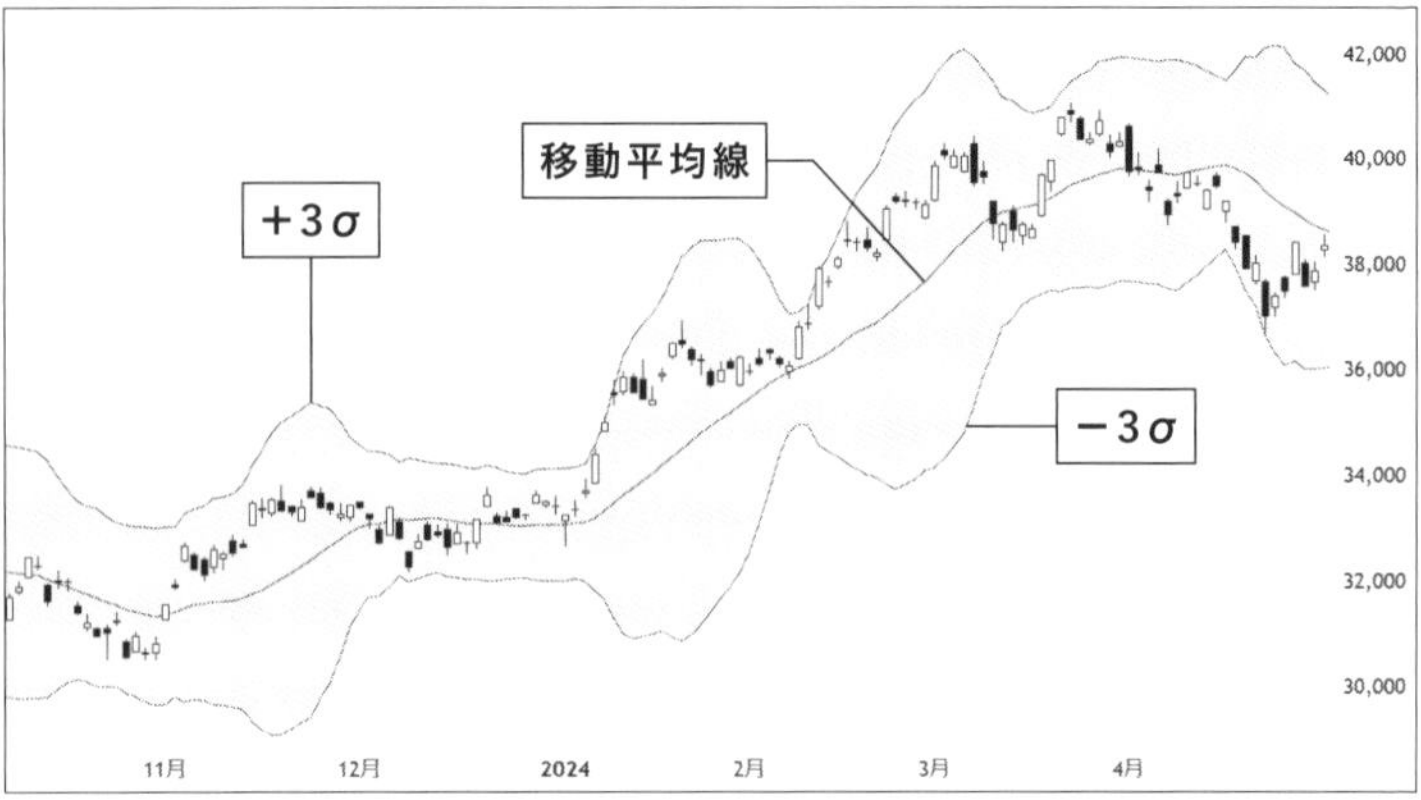

出所：TradingView

ということを表します。つまり、**ほとんどの株価の値動きは移動平均線のプラスマイナス3σ以内でのみ起こる**、ということができ、これを用いて分析を行うのがボリンジャーバンドという指標の考え方です。

Ｎｏｂさんはこのボリンジャーバンドがビジュアルとして見やすく、仕込みのタイミングがわかりやすいため使いやすいといいます。ボリンジャーバンドはその性質上、よほどのことがない限りプラスマイナス３σに到達すると、それまでとは反対の動きをするようになります。つまり、ボリンジャーバンドにおけるプラスマイナス３σは一種の天井と底ともいえるのです。

Ｎｏｂさんの場合、**マイナスに入りかけた**

マイナス1σからマイナス3σで銘柄を購入することが多いといいます。株価は業績がよければ漸次的に上昇していくものです。好業績の銘柄をそこで仕込んでおけば、移動平均線が上昇していくことでボリンジャーバンドの最低ラインも引き上がります。

よって、比較的低リスクでキャピタルゲインを狙うことができるのです。

▫安く買うことで損切りをしなくてすむ

投資する銘柄自体も慎重に検討を重ねて選別しているため、Nobさんは直近3年間で購入した銘柄ではひとつも損切りをしなかったといいます。

ボリンジャーバンドは投資の基礎中の基礎である「安く買う」ことのラインを視覚的に明確にできるものとしてぜひ覚えておきたい指標です。

> **投資の肝**
>
> **企業の印象などではなく使用する数値を定めて組み合わせて判断する**

売買時期

配当性向を確認して売買判断を行う

▫配当性向が高い企業は要注意

Ｎｏｂさんは描いた成長シナリオ通りに株価が上がって含み益を持った銘柄は基本的に売らず、保有し続けるスタンスをとっていますが、前節で解説したような異常な上昇をしたときや、株価や業績が高い水準を維持するもののそこから伸び悩んでいると思われる「高原状態」の銘柄は売却することがあるといいます。

株価が一定の範囲内で上下し続けるような停滞期にあるかどうかを判断する材料のひとつに、「配当性向」があります。**配当性向とは、企業が出している配当金額がその企業の純利益のどれくらいを占めているかを表す数値で、この数値が高いほど株主に多く配当金**

配当性向の求め方

$$\frac{\text{1株あたりの配当金額}}{\text{1株あたりの当期純利益(EPS)}} \times 100 = \text{配当性向(\%)}$$

一般的な適性値は30〜50%程度

を支払っていることを意味します。

株主にとっては、配当金が多いに越したことはありませんから、当然この数値も高いほうが、受ける恩恵は大きいように思えます。

しかし、高すぎる配当性向は危険をはらんでいる可能性が高く、Nobさんは売却してしまうことが多いといいます。

その危険性というのが、たとえば**長期的な成長が見込めないため、配当金で株主をつなぎとめている**、というようなものです。

配当性向が低ければ配当に回る原資が少ないということになるため、配当金が少ないという可能性もありますが、一方でそういった企業は将来的な成長投資のために資金を蓄えている可能性があるのです。

配当性向が高すぎると、資金を成長投資に回す余裕がないと解釈することもできます。

すると、事業拡大はしにくくなり成長性も乏しくなりかねません。そうした企業にとって、出資してくれる株主の存在は企業の存亡に直結します。このような株主をつなぎとめておくために、配当金を高く設定した結果、配当性向が高くなることがあるのです。

配当性向の平均値もほかの多くの指標と同様に業界によって平均値が異なりますが、一般に適正といわれるのは30〜50％とされ、70〜80％は高すぎると判断されます。

ただしＮｏｂさんの場合、ほかの指標との複合的な判断材料があるとはいえ、40〜50％以上になると売ってしまうことが多いといいます。

◘それ以上の伸びがしばらく期待できないので売却

ほかにもＮｏｂさんの売却判断の例として、先述した高原状態の例を紹介しましょう。

Ｎｏｂさんは、２０２４年7月に日立製作所（６５０１）が高原状態であると考え、売却に踏み切りました。この銘柄はＮＩＳＡ銘柄であったため、売却金額合計が約３６０万円（利益２００万円超）となりました。

左ページのチャートを見ると、結果的にその後下落に転じているため、この判断は、実

6501 日立製作所 日足

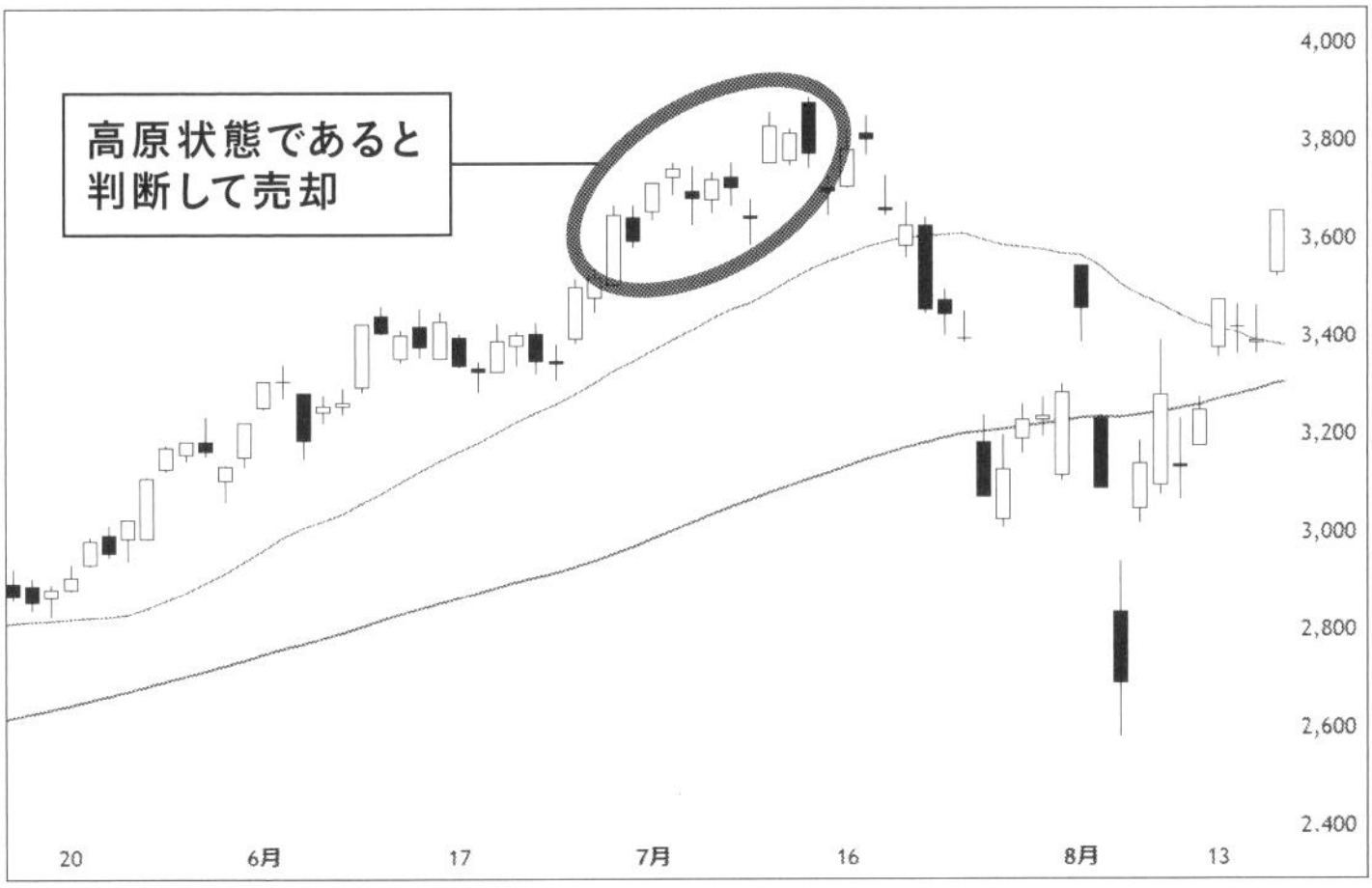

出所：TradingView

際に高原状態（一定の高さまで上昇した後、その水準での推移が続いて伸び悩んだ状態）の銘柄を売却した成功例であることがわかります。

投資の肝

無理をして配当を多く出している企業は成長が不安視される

注目銘柄

海外事業を展開している銘柄に注目する

■海外展開している銘柄に注目

今、Nobさんが注目しているのは、**海外の売上高比率が高い企業**です。国内の人口が減っている状況で、国内だけをターゲットにしている企業はこれからどうなるかがわかりません。ただし、日本の技術は海外でも通用するため、海外をターゲットにしている企業の商品やサービスは単純に売れると考えられます。

なかでも注目している銘柄のひとつは竹内製作所（6432）です。**竹内製作所は、建設用機械を開発・製造・販売しているメーカー。世界ではじめてミニショベルやクローラーローダー（不整地用の積込・運搬・掘削機）を開発した会社**としても有名です。主な拠点を長野県におき、ベテランの開発者や技術者のもとでの生産体制をとっています。

竹内製作所の売上をセグメント別に見ると、日本が754億400万円、アメリカが1151億8300万円、イギリスが121億3100万円、フランスが97億9400万円、中国が1億1300万円です（2024年2月期）。欧米を中心に事業を展開していることがわかります。また、2022年4月にはアメリカの子会社であるTAKEUCHI MFG.(U.S.), LTD.が、サウスカロライナ州にある工場を取得し、同年9月にはクローラーローダーの生産を開始し、さらなる売上拡大を見込んでいます。

海外で人気を集める日本文化

竹内製作所と同じように**海外展開しているチェーン店やアミューズメント施設を運営する企業**にも注目しています。

低価格のイタリアンレストランチェーンを展開する**サイゼリヤ（7581）は、コロナ禍で売上高が沈んだものの、ここ2年間では順調に推移**しています。中国を中心にアジアでも展開をしており、さらに製造工場をオーストラリアに所有し、コストを下げることにも成功しています。サイゼリヤはアジアだけでなく海外全般でも高評価を得ており、日本食文化がより海外にも広がるだろうと踏んでいることから、成長を期待している銘柄です。

アミューズメント銘柄としてはラウンドワン（4680）に注目しています。**ラウンドワンはボウリングやゲーム機器、カラオケ、ビリヤード・ダーツ、各種スポーツなどが楽しめるとして人気を集める複合施設を展開。**国内には100店舗を展開し、2010年に国外初となるアメリカ1号点をオープンして以来、アメリカに52店舗、中国に4店舗展開しています。特にアメリカのラウンドワンでは売上全体の7割以上をゲーム事業が占めるほどゲームの人気が高いです。また、大人数で楽しめるパーティールームがアメリカの「子どもの誕生日を祝うパーティー文化」とうまくマッチし、成功を収めています。

◘造船はビッグウェーブに乗るチャンス

今後3～5年でビッグウェーブが来ると思っている業界が造船業です。

もとより、戦後の日本は「スエズブーム」の影響を受けて造船業が一時世界でもトップシェアを誇るほどの盛り上がりを見せていました。しかし1980年代に韓国、2000年代には中国がシェアを伸ばしたこと、それから2008年に起きたリーマン・ショック

7014 名村造船所 月足

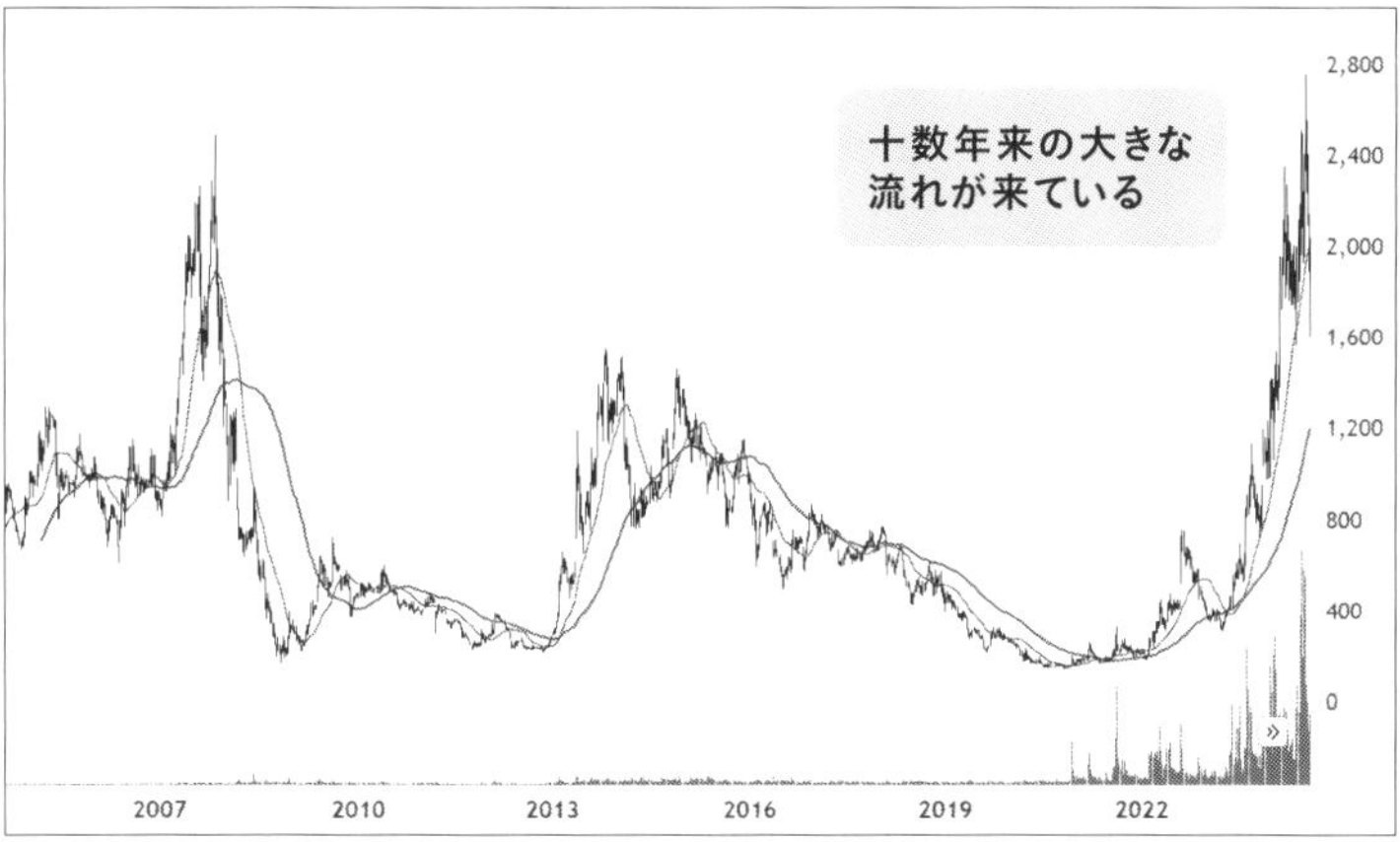

出所：TradingView

によって海運業・造船業ともに低迷期に入っていったのです。

そんななかで**大手造船会社が再編や新規事業立ち上げの動きを見せるなど、徐々に世界と対等にわたりあえる会社へと成長している**ともいわれています。そこで注目しているのが、**名村造船所（7014）と三井E&S（7003）**です。

名村造船所は、佐賀県伊万里市のドックを拠点に、貨物船やタンカーなど3万～30万トンまでの船を製造している企業です。そのほか船の修理や船用機械、鉄鋼構造物の製造販売などをグループで展開しています。コロナ禍以降はマイナスになっていましたが、直近2期は連続で増収増益となりました。

三井E&Sは、船用エンジンや港湾クレーンといった海洋領域の機械の開発・製造を中核事業としています。また、企業のDX化や脱炭素化に向けて、次世代燃料を用いた機械やシステムの開発・運用にも注力をしています。コロナ禍以降は減収が続いていましたが、2023〜2024年3月期にかけては増収増益。2024年8月、アメリカの子会社PACECOがカナダの投資会社ブルックフィールドと共同で、カリフォルニア州の港湾クレーンの最終組み立てを検討していることを発表しました。

◘海外企業と提携する企業に注目

三菱商事（8058）は、資源開発事業に強みのある総合商社です。ほかにも機械や生活産業、化学品などの非資源分野も収益基盤となっています。オーストラリアの世界的資源会社であるBHPビリトンと合弁で展開している原料炭事業では、年間の生産量が5200万トンに達しました（2024年3月末時点）。

コマツ（6301）は、世界2位を誇る、国内最大手の総合建設機械メーカーです。アメリカのキャタピラーと競合しています。油圧ショベルやホイールローダーなどが主力で、大型ダンプや無人トラック運行システムなどにも注力しています。2017年4月にアメリカのジョイ・グローバル（現コマツマイニング）を買収するなど、海外展開も拡大しており、海外売上高比率は89％です。そのうち、アメリカは45％、ヨーロッパは10％、中国は2％、アジア・アセアニアは22％、中近東・アフリカは9％と世界各国で展開しています（2024年3月期）。

三菱UFJ（8306）は、銀行、信託、証券などを傘下に抱える総合金融グループです。三菱UFJ銀行を筆頭に、三菱UFJ信託銀行、三菱UFJ証券ホールディングスに加え、アコムやリース会社なども有しています。タイやインドネシアの銀行なども傘下に抱え、アメリカの投資銀行であるモルガン・スタンレーを持分法適用関連会社としていることから、海外とのネットワークも強みになっています。

投資の肝

海外への事業展開で実績があり、かつ順調に売上を伸ばす企業に注目

相場観

チャートの細かな動きは見ず大局のなかで方針を立てる

◻相場は動きの予想のつかない鵺

Ｎｏｂさんは相場を「**動きの予想がつかない、鵺《ぬえ》のようなもの**」だといいます。ですから、そもそも相場の動きを完全に掴もうとするのは無理な話なわけです。

実際に取引を行う際は、チャートは日々上下するものですから、動きそのものには注目しません。ファンダメンタルズを調査したうえでチャートの形やトレンド分析をするのがよいとＮｏｂさんはいいます。

Ｎｏｂさんが取引を行うときは、相場の状況によりますが、前場・後場の間、チャートにずっと張りついて見極めることもありますし、落ち着いた動きであれば朝の寄り付きだけ見て放置し、その後は銘柄研究をしていることもあります。

◻3年後の日経平均株価は4万円台で落ち着く

2024年8月の日経平均株価暴落によって一時は円安がストップしましたが、再び円安が進行しており、1ドル＝147・31円（2024年8月15日時点）となっています。ただし、**かつてバンカーであったNobさんの見立てとしては、この円安の状況は長く続かない**と考えています。

「投資の神様」ともいわれるアメリカの投資家であるウォーレン・バフェットは、米国株を徐々に売却する動きを見せています。その代表的な銘柄として、アップル（AAPL）を1億1600万株以上売却し、ポジションを13％減らしたとしています（正確には、バフェット率いる投資会社「バークシャー・ハサウェイ」が持ち株を減らしています）。

そのなかでも、日本株は持ち続けています。**日本株は米国株に比べると成長性が低い状態が続いてきましたが、バフェットは特に日本の商社を中心に保有を続けている**ようです。

この点についてNobさんは「バフェット氏には、米国株に天井が見え始めたのではな

AAPL アップル　日足

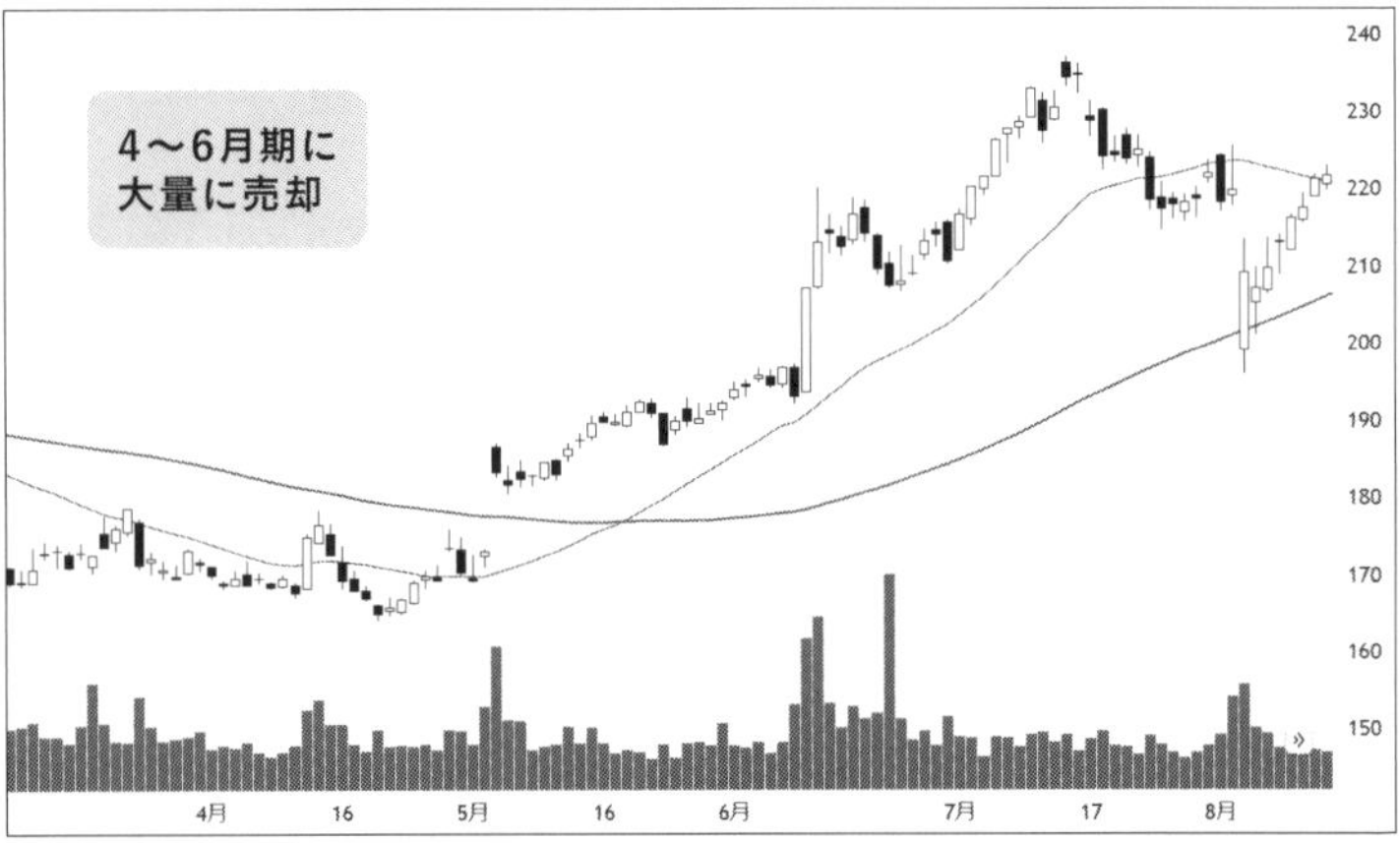

出所：TradingView

いかと見ています。バフェット氏は逃げ足が速いことでも有名ですから、いずれは米国株が転調するのではないのかなと思っています」と分析しています。

また、こうした状況からＮｏｂさんは３年後の日経平均株価は４万円台で落ち着くのではないか、と予想をしています。

▫コロナショック時の対策

ただし、予想がつかないとはいえ、相場は数年に一度、大きな暴落が起こりうるものです。そうした暴落時に、Ｎｏｂさんはどのような対応をしているのでしょうか。

２０２０年３月に起こったコロナショック時は、上昇した株を利確して銘柄の入れ替えを行っているタイミングと重なったことで、大きな損はしなかったといいます。

Nobさんは、銘柄入れ替えをしていたことで、運よく現金保有が多かった時期なので、大きな損失なく乗り越えられました。緊急の対応としては、**株価が下がって含み損を損切りしたこと、それから、株価下落後に割安になった銘柄を購入→価格が戻ったら売却したこと**の2つを行っています。年末で区切って算出している総合証券会社資産残高は数百万円程度しか下がらず、期間を区切ってみればほぼ被害がありませんでした。

■コロナショックを受けての今後の対策

ただし、現在は資産のうち現金保有はなく、ほとんどを株式に投入しているというNobさん。こうした状況で暴落が起こった場合には、次のような対応を考えていると話します。

「今はほぼすべての資産を投資資金としているため、コロナショック時のようなラッキーな乗り越え方はできないだろうなと思っています。ただし、幸いにも資産残高が増加しており、まったく使用していない信用余力が億単位であります。暴落が起こったら、ひとまず現物は存置します。相場が落ちていくとセリングクライマックス（最終局面）で大きく

8316 三井住友FG　日足

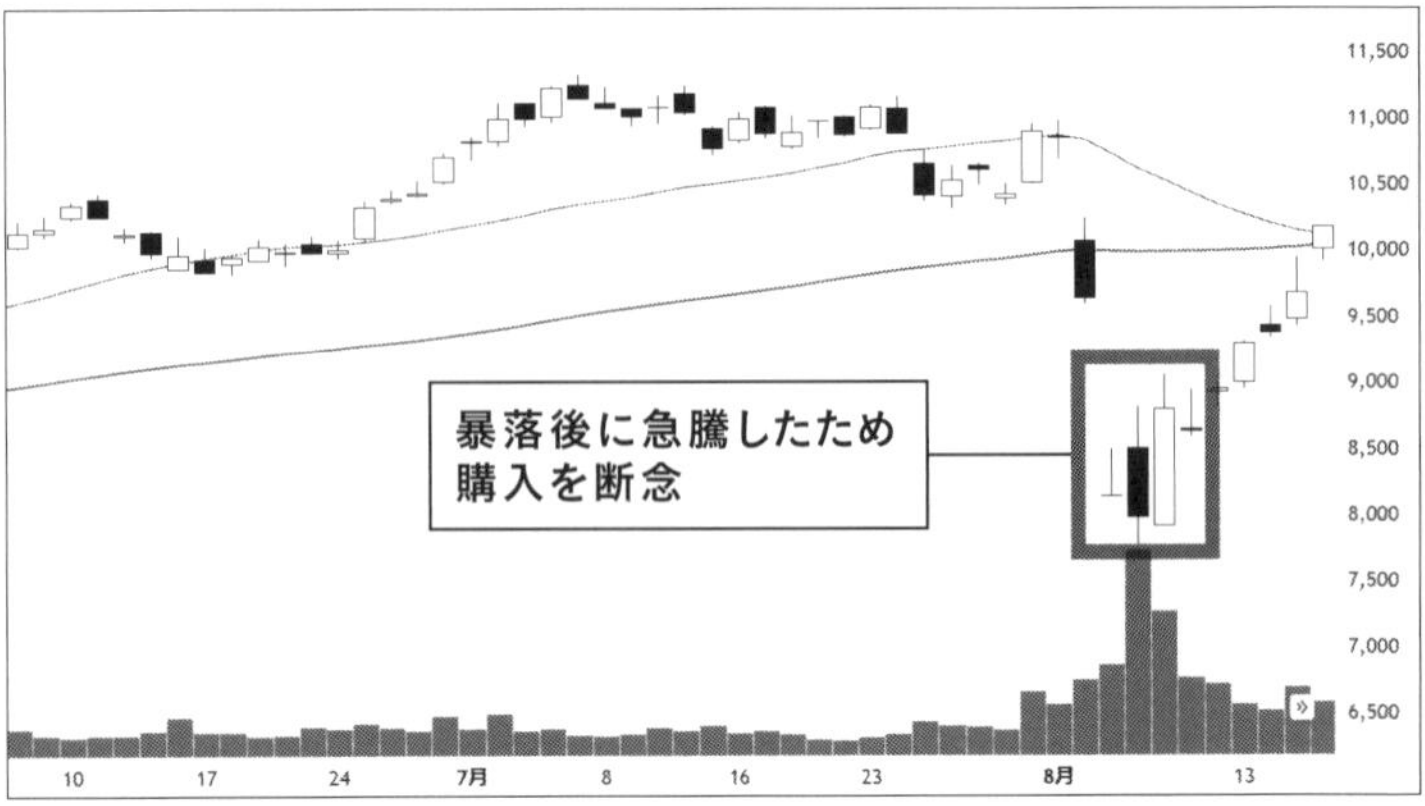

出所：TradingView

出来高ができて下落し、それ以上売りが出ないような均衡点が出てくるので、そのタイミングを見計らって売却していきます。このとき売却する銘柄は、あらかじめ売却候補としてピックアップしていたなかから、暴落で理論価格以上に売り込まれた銘柄を信用買いします」

こうした手法は含み益がそれなりに大きく、暴落で含み益がある程度毀損してもなお信用余力が残っている場合に有効です。初心者にはおすすめできませんが、中級者クラスになれば妙味がある、とＮｏｂさん。

さらに、現在は一部、信用買いを行っていますが、暴落には必ず2番底があると考えています。そのため、**フルに信用買いをするよ**

うなスタンスはとらず、現状、数%の打診買いにとどめています。こうしたなか、起こった2024年8月の暴落。今回の暴落ではどのような対応を行ったのでしょうか。

Nobさんは**基本的に、暴落には2番底が必ずあるという前提で挑む**ので、暴落時の購入候補は決めていたものの、乱高下が激しすぎることで様子見の状態が続きました。抽出した銘柄のうち最有力候補の三井住友FG（8316）が暴落から3日間値を下げ続け、狙っていた4日目に急騰したため断念。現状は業績が堅調なメーカーの株数社を信用買いしています。

すでにリバウンドして利益が出ていますが、まだホールドする予定。ただし、前述のように2番底はくると考えているので、引き続き信用買いのタイミングを推し量っています。

投資の肝

相場の日々の動きを読むのではなく、大筋でどう動くかを考える

心構え

明確なルールを設定して焦らずに売買する

□資金管理を行うことが重要

投資を行うには資金管理をしっかりしましょう。すべてのお金を投資資金に回して生活費がないとなると困ってしまいますから、資金管理はとても重要です。

一般的には、生活に必要な生活費、いざというときのための予備資金、前述の2つを確保したうえで当面は使う予定のない余剰資金の3つの資金があります。投資は「余剰資金」で行うことがよいとされています。

ここで大事なことは、どれくらいの資産があれば、生活に安心感が持てるのかということです。生活費や予備資金は人それぞれ水準が異なるでしょうから、まずは自分がどれく

投資のための資金管理

生活に必要な生活費	いざという状況のための予備資金	当面は使う予定のない余剰資金

投資は余剰資金で行うべき

らいのレベルなら安心した生活を送れるのかを把握しましょう。

Ｎｏｂさんの場合、１年で１０００万円を使う想定をしているため、１０００万円は必ず手元においておくそうです。そして、この１０００万円以外をすべて投資資金に回しています。

明確な損切りルールを決める

投資では「買うこと」と同様に「売ること」も重要です。

買った銘柄の株価が下がっているとき、「もう少し持っていれば上がるかもしれない」という希望で持ち続けていると、含み損が膨らんでしまうこともあります。実際に、Ｎｏｂさんも売買の判断を間違えて失敗してしまったことがあるそうで

7976 三菱鉛筆　月足

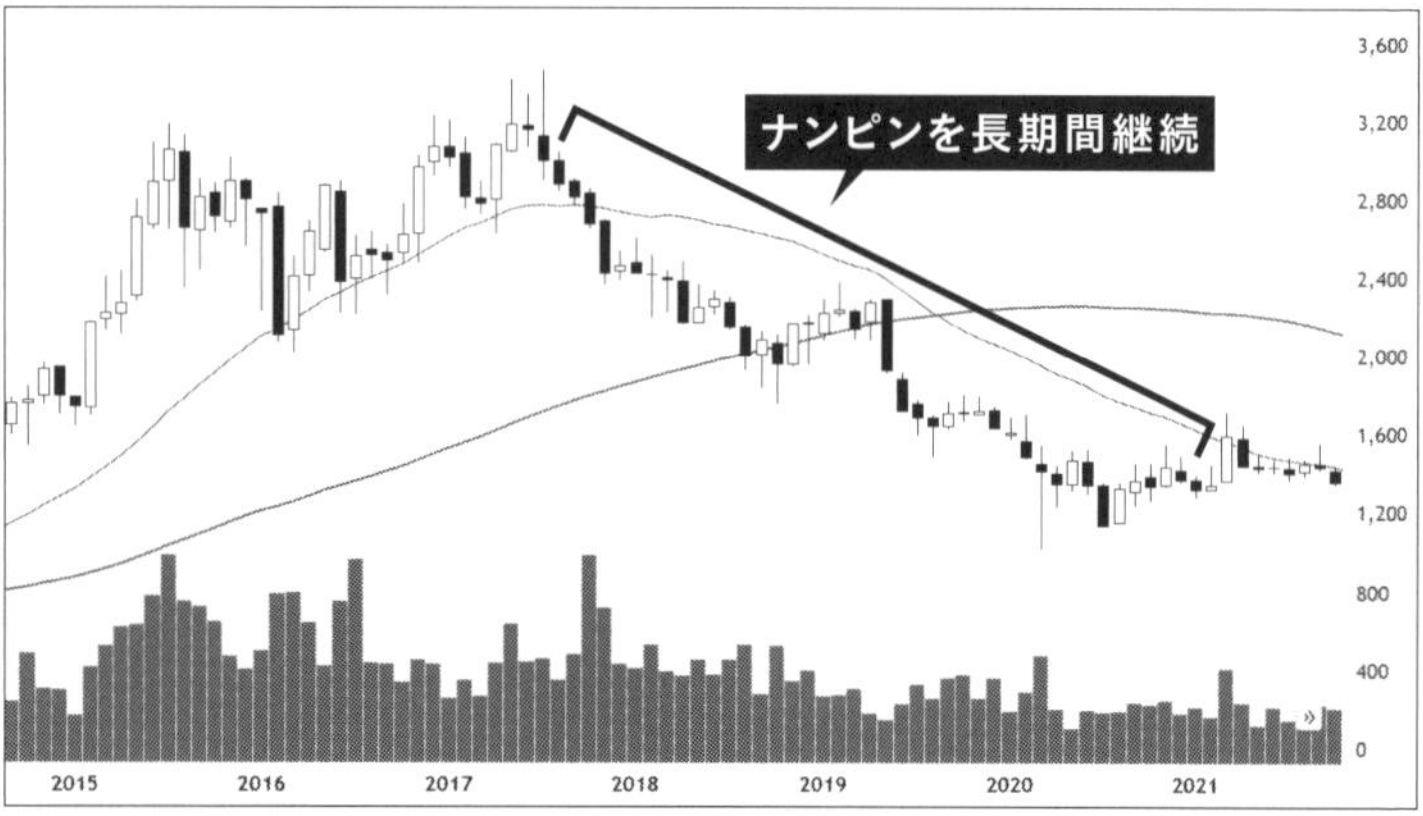

出所：TradingView

す。

「三菱鉛筆（7976）を買い続けて失敗したことがあります。当時は損切りルールを曖昧にしたままチャートを見て買い時と判断し、ナンピン（保有銘柄の株価が下がったときに買い増して平均購入単価を下げること）を継続して含み損が拡大してしまいました」

こうした失敗からNobさんは次の反省をしました。

①信用取り組み状況の把握ができていなかった。三菱鉛筆は常に信用売り残高が買い残高を上回っていて、後から思えば投機筋が売り玉を常時つくって下がれば儲かるような特別な銘柄であったのだろう。

②損切りルールを決めておらず、何となく

買い増ししたことが損失金額を膨らませてしまった。

このうち、**初心者でもすぐに実践でき、かつ経験に関係なく売買するうえで重要になるのが「損切りルールを決める」こと**です。損切りとは、含み損が大きくならないうちに売ること。マイナスにはなってしまいますが、そのマイナスを小さく抑えることはとても大事なことです。

◻ 投資以外の知見による売買判断はしない

また、投資以外の知識や経験を安易に投資に持ち込むことは危険だとNobさんはいいます。

Nobさんは製薬会社に勤務していたことがあり、そのときの経験や知識で銘柄を判断してしまったことが失敗につながってしまったと話します。

「もともと中堅製薬のCFOであったことから、創薬に対する知見が自分にはあると勘違いをしていたなと思います。製薬会社勤務時代に注目していた創薬技術を持つネクセラファーマ（4565／旧そーせいグループ）の株価上昇を信じ込み、ナンピンを繰り返して失敗してしまったこともあります」

ナンピンの失敗から得た知見

① 損切りルールを決めておく

② 利確の決断を遅れさせない

③ 信用取り組み状況を把握する

この失敗からＮｏｂさんが反省したことは次の３点です。

①ポートフォリオの個別銘柄の上限を設定していたにもかかわらず、それを無視して投資したうえにナンピンを繰り返してしまった

②製薬業界のパイプラインの株価に対する影響を実際以上に大きいと錯覚し（実際は医薬系の株式アナリストでも新薬におけるパイプラインを的確に判断できる人は少ないと思う）、パイプラインがステップを上げるたびに新薬ができる可能性がどんどん小さくなるという冷徹な事実を直視できなかった

③長期投資で利確のタイミングは数度あったのに決断できなかった

いずれにおいても**売買におけるルールよりも自分の知見を信じて売買を行うと、歯止めがきかなくなって**

しまい、失敗してしまうことが多いでしょう。

なかでも、実際に製薬会社のＣＦＯを務めていたＮｏｂさんが製薬会社の業績の行方について見誤ったと反省している点は学ぶことが多いでしょう。ビジネスパーソンとして実績を残してきた人は、どうしてもそのときと同じように目利きをしてしまうこともあろうかと思います。

そうした感覚はあらためてリセットして、投資を行うに際して設定した**資金管理や売買ルールなど、自分で決めたことは守って投資を行うことが大きな失敗をしないために大切**なことです。

投資の肝

取引を経験するなかで
決めたルールは
原則として崩さない

アドバイス

投資法の幅を広げながら辛抱強く取り組む

◻ 買った銘柄は信じて長期で持ち続ける

特に初心者はNISAを利用して投資をしている人が多いと思います。2024年から始まったNISAの特徴として、「制度が恒久化した」ことと「非課税保有期間が無期限になったこと」があります。つまり、株を買っていつまで保有を続けていようが、税金がかからないということです。

こうした**NISAの恩恵を最大限に受けるためにも、一度買った株は5~10年は信じて持ち続ける**ことが重要です。

記憶にも新しい2024年8月に起こったような株価暴落があると、つい売りたくなってしまいますが、翌日には大きく戻しています。実際、大きく下がったときに売ってしまったという初心者の人も少なくないのではないかと思いますが、**一時の下落で売ってしまってはなかなか資産を大きくしていくことは難しい**です。そのため、よいと思って買った株は長期で保有してみてほしいとNobさんはいいます。

◻投資家間の横のつながりを持つ

投資というのは孤独なもの。他人が正解を教えてくれるわけではありません。そのため、Nobさんは株式クラスタなど**「投資を行う仲間」を持ってほしい**とアドバイスします。

いまやSNSなどで投資の情報を発信している人はたくさんいます。

Nobさんも銘柄選びの際は、X（旧Twitter）で知り合いになった株式クラスタと集まって勉強会をしてから決めています。そこでだいたい40～50銘柄出るので、そのなかからピックアップし、投資銘柄を決めることが多いです。Xで発信されている情報よりも、発信している人と直接会って話しているときにポロッとでた情報のほうが有益であることがあります。

最初はいろいろな投資サイトを見ることも有効なのですが、結局多くの人が見ている情報なので、すでに注目されている可能性もあります。**横のつながりを広く持って、SNSに発信されていない情報を得る**ようにしましょう。

もちろん、そうした情報を自分なりに咀嚼したうえで、裏付けとなる情報を集めて売買を行う必要があります。あくまでヒントを得るというスタンスでいるべきです。

◘最初はインデックス投資から始める

はじめて投資を行う場合、個別株に手を出すのではなく、インデックス投資から始めてみるとよいとＮｏｂさんはいいます。インデックスは基本的に下がり続けていることはありませんから、**インデックス投資を行いつつチャートや財務諸表などの見方を勉強するのがおすすめ**です。反対に個別株は長く下がり続ける銘柄がありますから、最初に掴んでしまうと心が折れます。たとえば、立ち食い店を展開する「いきなりステーキ」のペッパーフードサービス（３０５３）は6年ほど下がっています。何も知らずにこうした銘柄に手を出してしまっては、後で投資を続けるためのメンタルを保つのも難しいでしょう。

チャートと財務諸表の見方を勉強するなら、『会社四季報』（東洋経済新報社）をひとととおり読んでみるとよいです。**はじめは「どんな会社があるのか」という感覚で読み始めて、徐々に財務状況などを勉強していきましょう。**半年〜1年くらいかかってもよいです。

◘証券口座は2〜3つ持っておく

初心者が証券口座を開くなら楽天証券かSBI証券をおすすめされることが多いと思いますが、どちらも持っておくとよいと思っています。

証券口座が1つだけだと、何かの手違いでその口座にロックがかかってしまった場合に身動きがとれなくなってしまいます。口座を開くだけならお金はかかりませんから、いろいろな会社のページを閲覧するなどして、使い勝手のよい会社を選んで2〜3つは持っておくとよいでしょう。

ちなみに、Nobさんは10程度所有しています。

> **投資の肝**
>
> **仲間づくりや**
> **財務の勉強などしながら**
> **投資に慣れていく**

Investor5

まだ買い手の少ない安い株を狙う

理事長

rijicho

あまり指標は使わず
注目度の高い株は避け
目立たない株を買います

個人投資家（X：@north_sky_sg_）

ネット証券ができ始めた当初に株式投資を始め、投資歴は25年超。本業が多忙で売買をしなかった時期を経ながら、さまざまな投資手法を試みる。不動産投資も手がける。

デイトレから始まった投資のスタイルは相場環境によって変化し、「安い株を買う」という結論に達した理事長さん。投資開始から早々に資産１億円に達した後は、時代ごとの相場の移り変わりに対応しながら、飄々と投資に取り組む理事長さんに利益を出すための考え方を語ってもらいました。

投資スタイル

安い銘柄と不動産で利益を出す

□投資仲間が持ってきた一冊がその後の投資スタイルの礎になる

理事長さんは、とにかく「安い」株を買うことを投資の基本としています。この投資スタイルは林輝太郎さんの影響が大きいといいます。林さんは、日本の高度成長期からバブル期の終わりにかけて資産を増やした個人投資家で、林投資研究所を設立するなど、投資家育成にも力を入れていました。**投資仲間が集まって情報交換などをしている場に仲間の一人が持ってきた林さんの著書で述べられていたことが以後、理事長さんの投資スタイルの基本**となっています。

理事長さんが株式投資を始めたのは、バブル崩壊の影響もまだ残っているころ。現在の株式相場と違い、日本株は今よりも割高で、配当も低めで、PBRも高いという状況でした。つまり、総じて株価が高かったのです。そうしたなか株式投資で利益をあげるにはデイトレードが最も効率的と判断し、理事長さんは日々売買を行うことになります。

◘インターネット普及時、デイトレは環境勝負だった

理事長さんが株式投資を始めたのは、インターネットの普及が始まったことでネット証券会社がいくつか立ち上がり、ウェブ上で売買が可能になったころです。今より回線環境は大きく劣り、携帯電話のiモードを使って売買している人たちも多くいました。

そうした環境下で理事長さんはパソコンを2台使い、2つのモニタそれぞれに売買ページ、板情報（いくらで売買注文がどれだけ出ているかを表すもの）を表示させ、デイトレを行っていました。モニタが2台あれば、情報量は単純に2倍になります。加えて、より高速な回線を利用するなどして、他の個人投資家に対して先んじていきます。

まだ回線が重い時代、板情報を見て、売買ページに切り替えて……などと操作すれば、それだけで時間のロス。高速回線で売買注文がどれだけ出ているか他の投資家より早く知り、もう一台のパソコンで売買注文を出す――。「それだけで利益が出る時代でした」と

理事長さんはいいます。例えば、自動車関連の銘柄が4銘柄あり、1銘柄の株価が上がると、それに応じてほかの3企業も時間差で上がる傾向があります。**回線が他の投資家より速ければ、この時間差で上がる前に取引をして勝つ**、というわけです。

◘その時々に合わせた投資法を探る

理事長さんはデイトレと併せて、林輝太郎式投資を実践。つまり、安い株を探して買っていきます。同様に売買を行っていた当時の投資仲間は、全員が資産1億円を超えたといいます。

やがて周囲の投資環境も向上し、利益が出づらくなってきたため、理事長さんは保有株式を減らしていきます（ポジション縮小）。そうしている間に仕事が忙しくなり、頻繁な取引からいったん身を引きます。

転機は2013年。その前年に相場の盛り上がりを見て、株式投資を再開します。しかし、相場はかつて理事長さんが経験していたものとは感覚が変わっていました。しかし、2013年2月、安倍晋三総理大臣（当時）にあるホテルで遭遇。出合い頭でぶつかって、安倍総理の持っていた水をこぼしてしまいます。第三者が聞けば珍しいアクシデントですが、理事長さんはそれを〝天啓〟と捉え、保有銘柄を増やして（ポジション増量）、全力で相場に取り組みます。**これだけ珍しい経験をしたのだから、「この流れに乗るしかない」**と。ただ、本業も激務であったため、とても疲弊した時期だったと振り返ります。

利益を出しながらも、やがてデイトレードやスイングトレードで勝てなくなり、この時期に理事長さんははじめて投資先の選定のために決算書を読むようになります。理事長さんが相場から離れていた間にファンダメンタルズ分析派が主流となっていました。**ファンダメンタルズ分析に取り組みながら、なかでもグロース株に狙いを定め、**かなりの利益を出します。が、その後に損失を出し、グロース株からは撤退します。

当時の状況を理事長さんは、「グロース株は難しかった」といいます。グロース株は業績がよくても、先行した期待で株価が上がり、その後下がることがままあります。実際、決算書を分析して、その後の好調を見込んで買い、かつその見立て通りで持ち続けるのですが、株価が下がり続けるという具合です。

◻安い株を買う原点に戻る

勝ちながら、負けながら、それでも相場から退場することなく投資を行ってきた理事長さんですが、**それらの経験を経て、現在は原点ともいえる「安い株」を買う手法に戻します。この手法が色々と試みてきたなかでも再現性も高く、自分の性にあっている**というのが理事長さんの投資スタイルに対する結論です。

理事長さんは株式投資と併せて不動産投資も行っていますが、不動産も同様の考え方で買っています。つまり、**安い（土地値以下）の不動産を探して手堅く利回りを積み上げていく**かたちです。株式投資の利益に対する節税対策として、税理士に相談して2007年から始め、以後年に2、3棟ずつ買い続けているそうです。

一時期は資産の半分を不動産が占めていたそうですが、現在は株価が上昇した影響もあり、株と不動産の資産の割合は7・5：2・5ほどになっています。

投資の肝

紆余曲折しながら自分の性に合った投資法を見いだす

取引銘柄

自らのスタイルに沿って自然と揃えられた100銘柄

□常に100銘柄前後を保持する

理事長さんの取引銘柄は、**日華化学、トナミ、オーケーエムなど業界は多岐にわたり、その数は100銘柄以上**になります。なかには、買いの候補とした銘柄で**今後株価の動きのチェックを忘れてしまわないよう100株（1単元）だけ買っている銘柄**もあります。年齢的に記憶力も落ちてくるので……と理事長は笑いますが、最小単元で保有して確認を怠らないしくみにしています。

この100銘柄という数字は特に意図してのものではなく、**目が届く範囲を維持しようとすると自然とこの数になってしまう**とのこと。いずれにせよ、理事長さんの資産の推移

理事長さんが保有する銘柄の例①

銘柄名	コード	市場区分	業種	2021年 8月16日株価	2024年 8月16日株価
ヤマト	1967	スタンダード	建設	752	987
ミヨシ油脂	4404	スタンダード	食料品	1256	1458
日本製紙	3863	プライム	パルプ・紙	1265	910
日華化学	4463	スタンダード	化学	1039	1284
KIMOTO	7908	スタンダード	化学	252	241
武田薬品工業	4502	プライム	医薬品	3638	4324
イワブチ	5983	スタンダード	金属製品	5610	6180
オーケーエム	6229	スタンダード	機械	1148	1316
中北製作所	6496	スタンダード	機械	2662	3150
ニューテック	6734	スタンダード	電気機器	1293	1672
クリエートメディック	5187	スタンダード	精密機械	972	970
ナカバヤシ	7987	スタンダード	その他製品	571	528

にかかわらず、常に100銘柄前後に収まってきたといいます。

◘東証スタンダード銘柄が中心

上表、および次ページの表は理事長さんが主に保有する銘柄の例です。

その傾向としてわかるのは、**東証スタンダードの銘柄が多くを占める**ということ。

東証東京証券取引所（東証）は、かつて東証第一部、第二部、マザーズ、JASDAQと市場区分がなされていましたが、2022年4月から東証プライム、東証スタンダード、東証グロースの区分に変わっています。プライム市場が機関投資家の投資対象になれる規模の時価総額を持つ企業向

理事長さんが保有する銘柄の例②

銘柄名	コード	市場区分	業種	2021年8月16日株価	2024年8月16日株価
ビーアンドピー	7804	スタンダード	その他製品	1025	1640
アイフィスジャパン	7833	スタンダード	その他製品	663	583
トナミホールディングス	9070	プライム	陸運業	4600	5970
イノベーション	3970	グロース	情報・通信業	2665	1141
日本ファルコム	3723	グロース	情報・通信業	1461	1088
アイエックス・ナレッジ	9753	スタンダード	情報・通信業	800	1000
シイエヌエス	4076	グロース	情報・通信業	-	1479
オートウェーブ	2666	スタンダード	小売業	117	126
トラスト	3347	スタンダード	小売業	216	263
アプライド	3020	スタンダード	小売業	2535	2698
九州リースサービス	8596	スタンダード	その他金融業	556	1066
メディア総研	9242	グロース	サービス業	-	1630

けで直近2年間の利益合計が25億円以上といった基準を満たす企業向けの市場であるのに対して、スタンダード市場は直近1年間の利益が1億円以上などと多少上場基準が緩やか。企業の規模感はプライム市場の企業に比べれば小さくなります。グロースは成長性が期待された企業が上場する市場です。

先述した理事長さんの投資スタイルからすれば、自然と東証スタンダードの銘柄が多くなるといえます。

また、株価も1000円台、2000円台のものが中心となります。安い株を買うというスタンスは徹底されています。

また、**企業名を見れば今ニュース番組で**

名前が出てくるような企業は限られます。いわば、〝地味〟な企業が多いといえます。この点はのちほど詳しく述べますが、まさに理事長さんの投資の肝といえます。

▫日々の作業は保有銘柄のニュースのチェック

理事長さんは目の届く数として100前後の銘柄を持っていますが、1日に株式投資にかける時間は2時間ほどで、そのうち1時間半ほどは何となくモニタの前に座って経済ニュースを見たりしているくらい。実際に意味のある時間は30分ほどだと話します。

つまり、常に約100銘柄すべての情報を追っているのではありません。**株情報サイトで保有銘柄に関するニュースが出たときに、その詳細を確認する**ほどにとどまります。ただし、**四半期ごとの決算短信については保持している企業すべてチェック**しており、そのほかにも買う候補の企業の決算短信についても調べています。

> **投資の肝**
>
> **目が届く、気持ちが落ち着く範囲の数で安く地味な銘柄を持つ**

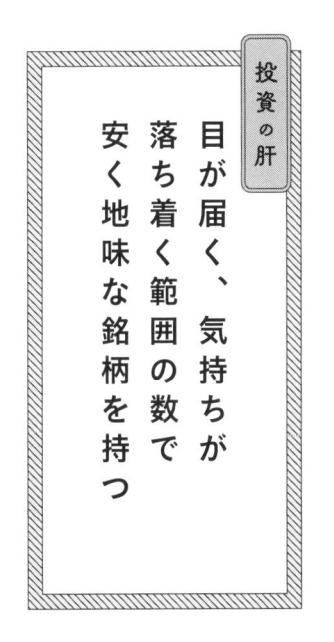

判断基準

とにかく安い銘柄で利益を出す

□100株で10万円を切るような安い銘柄を購入する

理事長さんは一般的に重視されているいくつかの指標のみをもとにして判断をするのではなく、株価の「安さ」を主軸に置いた銘柄選びを心がけています。

理事長さんの考える**「安い」銘柄とは、株価が低い価格帯で推移し続けている銘柄**のことを指しています。別の言い方をすれば、「低位株」とも呼ばれる1単元（100株）数万円で買えるような銘柄です。そうした銘柄は**短期間で大きな価格変動をする可能性が低いため、急騰の望みも薄いですが、急落の心配も少ない**のが強みだと理事長さんはいいます。

総合的に安い銘柄の条件

割安株
➡第一条件

誰も買っていない銘柄
➡上場以来、安い株価で推移している

PBR0.6倍ぐらいの銘柄
➡現在の相場では安いと判断できる

また、低い価格帯で横ばいに推移していれば高値掴みしてしまうことが少ないため、買うタイミングに困らないのも大きな魅力です。そのため、ポートフォリオの調整などもしやすく、小回りの利く低リスクな投資資産といえます。

◘割安な銘柄で値下がりを避ける

企業の価値に比べて株価が相対的に安いこと、すなわち「割安」であることも理事長さんは重視しています。

割高な銘柄は是正されて下降するリスクを抱えているため、たとえ買ったとしても、あまりいいことはないと理事長さんは考えています。そのため、割安な銘柄を選ぶことが必要になってくるわけですが、割安と判断する具体的な数値基準を理事長さんは設定していません。

理事長さんは、長く投資を続けてきたなかで、基準自体がその時々で変わってくると感じています。

例えば、20年前ならPBR0・8であれば、とても安い銘柄と判断できました。しかし、現在ではPBR0・6くらいの銘柄も増えてきました。その状況をよしとしない東京証券取引所が、PBR1倍割れの企業に対して改善要請を出しているほどです。

そういったこともあり、理事長さんは、**常に業界平均などを確認しながら、数値の先入観を持つことなくリアルタイムで基準を変えていくべき**だといいます。

◻急騰したことがない不人気な銘柄を買う

理事長さんは、**誰も買っていないような銘柄、つまり一般的に人気がない銘柄を買う**ことを重要視しています。

先述した、低価格帯を推移するような安い銘柄などは不人気な銘柄であるといえます。そうした銘柄が何か大きな材料が出てストップ高など高騰を経験すると、世間的に注目されてたちまち人気銘柄となってしまいます。

2413 エムスリー 月足

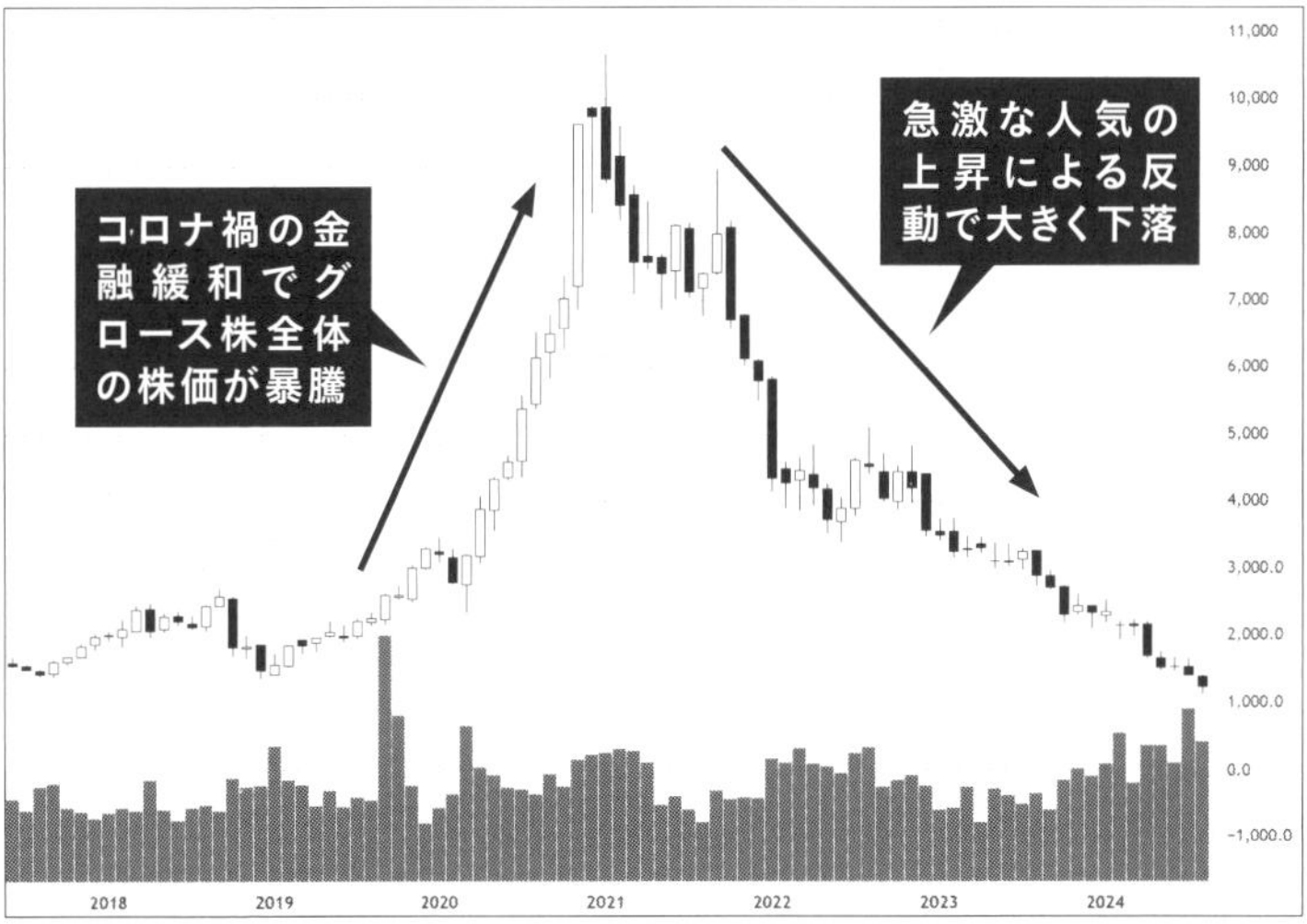

投資家たちに注目されるとそれ以降、企業がとる戦略や業績がシビアに判断されてしまうため、株価の上下が激しくなっていきます。そうすると、常に状況の確認が必要となり、長く保有し続けることが難しくなる場合があると理事長さんはいいます。

例えば、医療情報サイトを運営するエムスリー（２４１３）のように１年間で株価が４倍になるなどして大きな注目を浴びると、いくらその後の業績がよくても、10年持ち続ければ下がる確率のほうが高いと考えられます。実際、好調に推移していた業績が一転して止まると、株価は４分の１ほどに急落しました。

理事長さんの銘柄を購入する判断基準と

して、世間的に人気な銘柄や一度株価が大きく上がった銘柄は買わないと決めているそうです。

実際、2013年に大暴騰したガンホー（3765）は、世間的に大きな注目を集めました。スマートフォン向けゲーム『パズル＆ドラゴンズ（パズドラ）』のヒットによるものですが、その後10年ほどは投資家の期待とは裏腹に、株価が上がりませんでした。

そのような前例なども踏まえたうえで、**不人気でまだ世間に見つかっていないような銘柄を買う**ことを理事長さんは徹底しています。

◘損をしない銘柄で長期的に利益を出す

100銘柄を保有するなかで、理事長さんが重視するのは損をしない銘柄です。**損をしない株とは、リターンは少なくても、大きなリスクを抱えておらず、長い目で見てようやく大きな利益につながる**ような銘柄のことです。

理事長さんは、「1・1倍と聞くと小さな値上がりのように聞こえますが、**1・1の10乗は数値の見た目以上に大きな数になります。一方で、2×3×0・6×0・4は少ない数になってしまいます**」と話します。大きな利益を狙う投資家たちのなかには、2

倍、3倍と勝ったとしても、その後0・6倍、0・4倍にしてしまい（負けてしまい）、結果的には利益が出ない人もたくさんいます。理事長さんは、長くコンスタントに勝ち続けることを最も重要視しているため、リスクが小さく安定して勝ちを拾える銘柄を選んでいるのです。

また、そのような銘柄を購入するのであれば、**米国株より日本株のほうが適している**と理事長さんはいいます。世界的な企業が連なる米国企業は常に成長を続ける傾向にありますが、特にグーグルのような世界的にもスケールの大きな企業は財務上の調整で利益の増減が容易であり、新サービスの規模も巨大で、今後の業績、ひいては株価を予測するのはきわめて難易度が高いといいます。

一方、**日本株の場合、相場が上がりすぎると、政府が介入して下げにかかることがあるため、安い銘柄が常に存在し、狙い目である「損をしない」銘柄も数多く発見できる**そうです。

投資の肝

株価が急騰していない投資家に不人気な安い銘柄を買う

売買時期

安い銘柄を買いさえすれば売買時期は考えなくてよい

◻ 安い株はいつ買ってもよい

理事長さんは、売買時期についてはあまり細かなルールは設定していないといいます。安い株を探して買うのが理事長さんの売買ルールの大原則なので、そうした**銘柄は株価があまり上下せず、それほどシビアな買いのタイミングが求められない**ためです。高値で買ってしまったと後悔することはありません。買いの候補となる銘柄を見つけて、業績などを確認し、しばらく株価の動きを確認して買うといった具合です。

そうした安い株を買うことを徹底しているため、2007年から2008年ごろはどの株も高くなってしまった結果、買いの候補となる銘柄がなくなり、投資活動も縮小することになりました。この時期、理事長さんは不動産投資を始めますが、そのときも土地値以下の物件を買うようにするほど、「安いものを買う」という点は徹底されています。

◘そもそもベストな売買タイミングはわからない

安いときに買って、高いときに売るのが株式投資の目指すところですが、このタイミングの見極めはかなり困難というのが、25年にわたって株式投資をしてきた理事長さんの結論。「**適切なタイミングなどわからないのだから、ある程度適当でいい**と思います」と理事長さんはいいますが、**売買時期が〝適当〟でも利益をあげられるのは、安い株を買っているからこそ**です。

これまでの投資生活のなかで、大きく利益を出した時代や大きく負けた時代もありました。しかし、そうした資産の増減の紆余曲折のなかでも、売買時期についてミスした、一方でよい立ち回りができたと感じることはあまりなかったといいます。

淡々と改善点や反省点を記したノートはどんどん分厚くなっています。それを読み返すたびに、同じ改善点を書いていたりして「成長していないな」と感じた理事長さんは、「売買の時期は適当でいいのではないか」と考えるに至ります。

株式投資は相対取引であり、誰かが何かのルールをもとに値段を決めているわけではありません。「相対取引ゆえに世界中の人たち（投資家）の思惑で値段が決まっているということは、おそらく世界中の人たちもみんな適当なものだと感じていると思いますよ」という理事長さんですが、それはひとつの真実でしょう。

「適当に買う・売る」というと何も考えていないようにも思えますが、理事長さんは相場とは何かを考えた末にそう結論づけています。ゆえに株価の上下に惑わされない冷静な取引ができるといえます。

◘テンバガーを狙いにはいかない

安い株が大化けして、株価が数倍になる。株式投資を始めたころに多くの人が夢見ることでしょう。

株価が10倍になりそうな銘柄、いわゆる「テンバガー」と呼ばれる銘柄ですが、理事長さんは安い株を買いながらも、テンバガーを狙っているわけではありません。**10倍どころか、2倍になれば十分で、その時点で売りに出して利益を確定**させます。10倍になるまで保有していたら、それは理事長さんのなかではルール違反。テンバガーを狙いにいくと

NVDA エヌビディア 日足

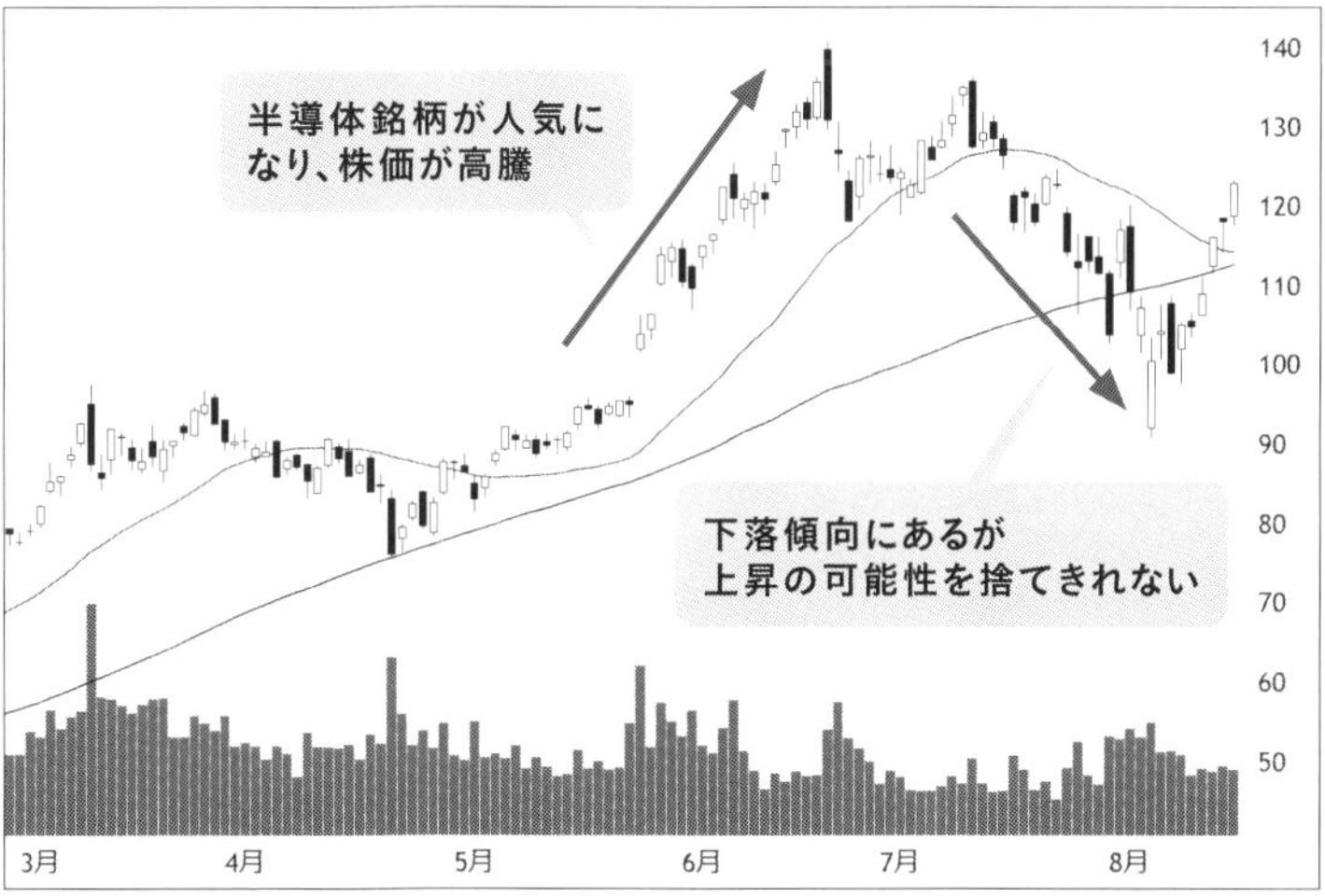

出所：TradingView

ギャンブルになるので、2倍になったところで大半が売ります。

□過去の事例に学ぶ

株式投資では、理屈に縛られすぎるとよくないと理事長さんはいいます。

現在は半導体銘柄のエヌビディアなどが人気です。この銘柄はPERが40倍とITバブルのころに比べるとかなり割安です。理論的には割安ですが、実際の株価は下がっているのが現状です。しかし、その理由は何かと問われれば、答えるのは難しいといいます。

例えば、中国の大手IT企業であるテンセントも高いPERでしたが、株価が

700倍くらいに成長しました。当時は買いたいと思った銘柄だったそうですが、今では高くなりすぎて買わない銘柄だといいます。

このような経験から、エヌビディアの株価が500倍などに成長してもおかしくないということもできます。つまり、今が買うタイミングともいえるわけですが、確証が持てるわけではなく、無理に買っておくことはしないといいます。理事長さんが避ける人気銘柄のひとつでもあります。

◻銘柄の入れ替えは指標で判断

理事長さんは、市場や銘柄単体で株価が暴落するときの対処法として入れ替えを行っています。理事長さんの投資手法では、流行の銘柄を避けることが大前提です。その上で、入れ替えの基準としているのがPBRなどの指標です。PBRの数値、そしてその相場がまだ上がっていない、業績の伸びがいいなどの点を比較しています。

結局万年割安株を掴みにいっていることや、全然上がらない株を買いに行ってしまっていることもよくあるそうです。そのたびに、相変わらず株はよくわからないと感じるわけですが、万年割安株を入れ替えて手離すことはあまりないそうです。手離した後で株価が上がるかもと期待をして、残しておくことが多いです。

実際に手離して後悔した経験があり、現在の心がけとしては、**基本的に簡単に手放さないようにしているそうです。ゼロにするのではなく、少し減らして、状況を見て株数を調整**したりしています。必ずしもゼロにせず、状況を見てゲーム感覚でその場の判断で株数を調整していくほうがよいといいます。銘柄を入れ替えた結果、はずれを掴んでしまったこともあるので、トータルで当たりを掴めればよいという考えで入れ替えを行っています。

銘柄の入れ替え基準

PBR1倍以下の銘柄
➡割安銘柄

相場がまだ上がっていない銘柄
➡今後株価上昇の可能性がある

業績の伸びがよい
➡株価高騰が期待できる

投資の肝

売買のタイミングで儲けようとしない銘柄選びに注力する

注目銘柄

先を予想できないなかで儲けるための銘柄

◘注目されている銘柄は買わない

理事長さんが注目している業界や銘柄は特にありません。

というのも、ここまで述べてきたように、基本的に注目されている銘柄は買わないというのが理事長さんの基本方針だからです。**注目されている銘柄は、注目され始めたときから株価が上昇します**。高くなっているものは買わないと決めているので、今まさに話題に上るような銘柄には注目しません。

例えば、先述した現在人気がある半導体銘柄のエヌビディアは、8年ほど前に買っている人であれば、大きな利益があるのではないかと考えられます。理事長さんとしては、2

016年ごろにPERが20を切っていたので購入を検討したそうですが、財務諸表を確認すると業績が思わしくなく、見送りました。

◘ 誰も注目していない銘柄を探す

ただ、この点について理事長さんは判断ミスとは考えません。理事長さんの投資スタンスでは第二、第三のエヌビディアを探すというのは難しいといえます。株価は予測どおりに動くこともあれば、動かないこともあります。運よく予測どおりの銘柄に当たればよいですが、そのような銘柄は少なく、投資手法として再現性がありません。

高騰するかもしれない複数の銘柄を買って、いずれかの銘柄が高騰するのを待つというのは、お金も時間もかかるギャンブルのようなもの。投資経験に関係なく、おすすめできる投資手法ではないでしょう。

先のことは予想ができないので、**予想のできないなかでどう儲けるかが重要**です。なので、今後を予想するということはあまりせず、現状まだ安い銘柄を買っていくのが、理事長さんの基本スタンスです。つまり、理事長さんにとって**注目すべき銘柄は、「誰も注目していない」銘柄**だといえます。

◘ 投資スタンスから外れたことはしない

「注目銘柄はない」という理事長さんですが、ここまでに何度か言及した米国株は、これまで理事長さんが注目した銘柄のひとつです。

ネット証券各社が扱い始めるなど投資しやすい環境ができて、米国株に注目が集まりました。そうした最中の2022年、**米国株に注目して、いくつかの米国銘柄を買います**が、**それが失敗だった**と理事長さんはいいます。本業が忙しく、疲弊したなかで判断が鈍っていたのではないかとも振り返ります。

なかでもビッグ・テックといわれるグーグル（アルファベット）などの企業や流行の銘柄に投資をしたそうです。長いこと追い続ければもしかしたら上がったかもしれませんが、自身の投資スタンスからかけ離れた投資は難しかったと振り返ります。**米国株での失敗を経て、決めた投資スタンスから外れたことをしてはいけない**と感じたそうです。

これは、アメリカという国の問題ではなく、世界トップ企業が集まる相場の特性によるもの。理事長さんいわく、「米国株は世界中の投資家が注目している投資のF1です。そこに軽自動車で参戦してもF1に勝つことは難しいですよね」

GOOG アルファベットC 週足

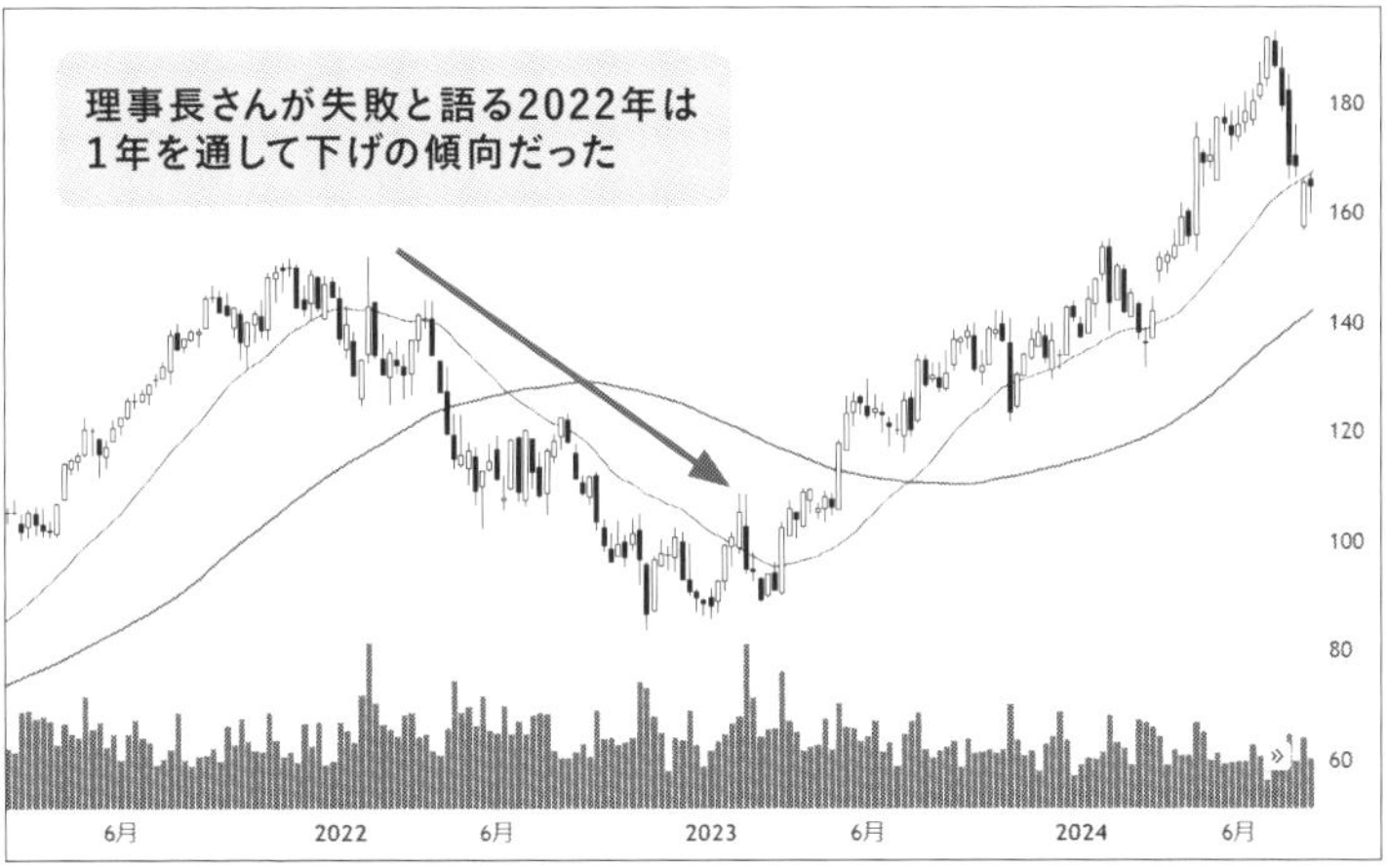

出所：TradingView

ちなみに、不動産投資でも新築の物件は買わないそうです。

リーマン・ショック後に建築費が下がり、新築が儲かるようになった時期はありますが、金利の動向に左右されやすく安全域も狭いと考えているため、新築物件は買わないようにしているといいます。

投資の肝

時流に乗るのではなく自分の投資スタンスに沿った銘柄に注目する

相場観

相場を見てワクワクしない投資とは退屈を追求するもの

■買って心躍るような投資は危うい

株式や不動産において、世間の陽の目をまだ見ない金融商品を選ぶ理事長さんは、**投資そのものが「おもしろいもの」であってはいけない**と考えています。つまりは、投資の初心者が「相場がこうなるだろう」などと読んで、ワクワクしながら投資してはいけないということです。

長年相場を生き抜いた百戦錬磨であれば、そんな気持ちを持つ人もいるかもしれませんが、少なくとも投資初心者や中級者が金融商品を買って心が躍ったら、その投資は失敗すると思うと理事長さんはいいます。

2024年に入って史上最高値を記録した日経平均株価。まさに投資家をワクワクさせた出来事といえます。しかし、理事長さんはその推移については、「まったくわからないし、推測して動くこと自体が危険なこと」といいます。

◘相場に振り回されないメンタルの持ち方

「ワクワクする投資」について、理事長さんが不動産を例に話をしてくれました。

例えば不動産投資を始めたばかりの人が無理に借金をして銀座の一等地のビルを買って喜んでいたのなら、非常に危うい投資です。そうした人たちには「日本屈指の高い土地」「人気とブランド力のある場所」などといった漠然としたイメージが先行していることが多いといいます。多大な期待をもってワクワクしながらその土地を運用することでしょう。

しかし、銀座ほど注目を浴びる場所は、そこにどれだけの価値があるかは初心者にははかることができず、そもそも高い土地は価格の上下が激しいために儲けることも損することも同じくらい可能性としてあります。

それならば、**派手な展開はないものの、田舎にあって利回り50%程度の戸建てを買った**

ほうがよいといいます。実際にそうした物件はあり、保有者とも交流がある理事長さんの眼には、そうした人たちのほうが都市部の一等地を持っている人よりも楽しそうに生活しているように見えるといいます。都市部の一等地は価格の上下が激しくそれに心乱される一方、地方の不動産では値動きの幅が小さく、ほぼ確実な50％程度の収入があるため、心に余裕が出てくるのでしょう。

投資そのものにおもしろさを感じるのではなく、**投資の結果として生まれる成果に対してワクワクするように考えたほうがよい**と理事長さんはいいます。

□「上がる」より「下がらない」を重視する

株式投資もまったく同様です。ある銘柄を買って心が躍ったら、その取引は失敗するでしょう。ある**銘柄の魅力的なイメージに投資し、結果、その価格の上下で余裕がなくなるくらいなら、低価格帯で推移している銘柄のほうが精神的に楽**というものです。

だからこそ理事長さんは、**投資仲間に話してもみんなが揃って聞いたこともないと首をかしげるような「退屈で安い」銘柄へ投資し続けている**のです。テンバガーを狙わず、株価が2倍になったら大半が売ると考えているのは、そのためです。**買った銘柄の株価がど**

んどん上がっていってもワクワクすることなく、売って利益をとります。その銘柄の人気が出てくれば株価は上下するようになりますから、そこで損失を出すことも考えられるためです。

2024年8月5日、日経平均株価が過去最大の下落幅を記録しました。このとき理事長さんは病院に行っており、待合室でその状況を知ります。「株価下がっているけれど、まだ診察室に呼ばれないし、しょうがないか」くらいに思っていました。これがある程度短期で売買している投資家であれば、気が気ではないでしょう。

◘下がらなくて高配当だとなおよい

これまで説明してきたような、低価格帯で推移している下がらない銘柄の特徴のひとつとして、従前からの事業を長期間続けていることが挙げられます。

そのような銘柄の例として、次の2つのチャートの企業が適格であるといえます。

ナカバヤシ（7987）は写真アルバムや手帳などの製造輸入販売や製本事業などを、エンカレッジ・テクノロジ（3682）は企業のITシステム保全を目的としたソフトウエア開発事業を中心に展開しています。

7987 ナカバヤシ　月足

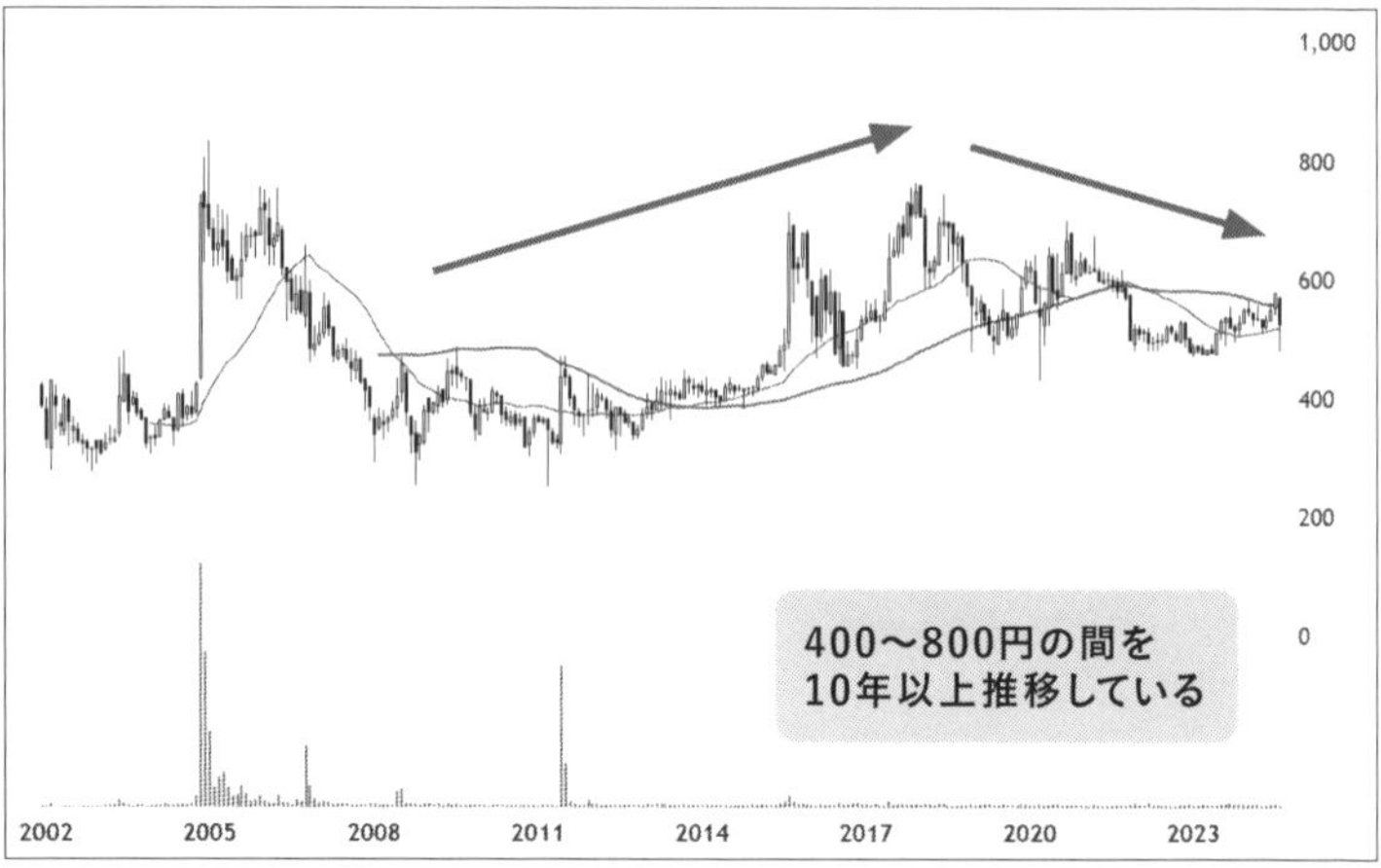

出所：TradingView

それぞれチャートを見てみると、ナカバヤシは上場以降、エンカレッジ・テクノロジは2019年半ば以降において**1000円以下の低価格帯を長期間横ばいで推移している**ことがわかります。出来高の大きな変化も少なく落ち着いた価格推移のため、暴落の危険性も低いことがわかります。また、エンカレッジ・テクノロジとナカバヤシは最新の配当利回りがそれぞれ3・08%、4・1%と高配当株に分類されるため、**受け取った配当をそのまま投資に回すことで、横ばいが長期的に続いたとしても、複利による資産増大が期待**できます。

この2つの銘柄はあくまで一例ですが、株価が安定していてなおかつ流行ではない事業

3682 エンカレッジ・テクノロジ 月足

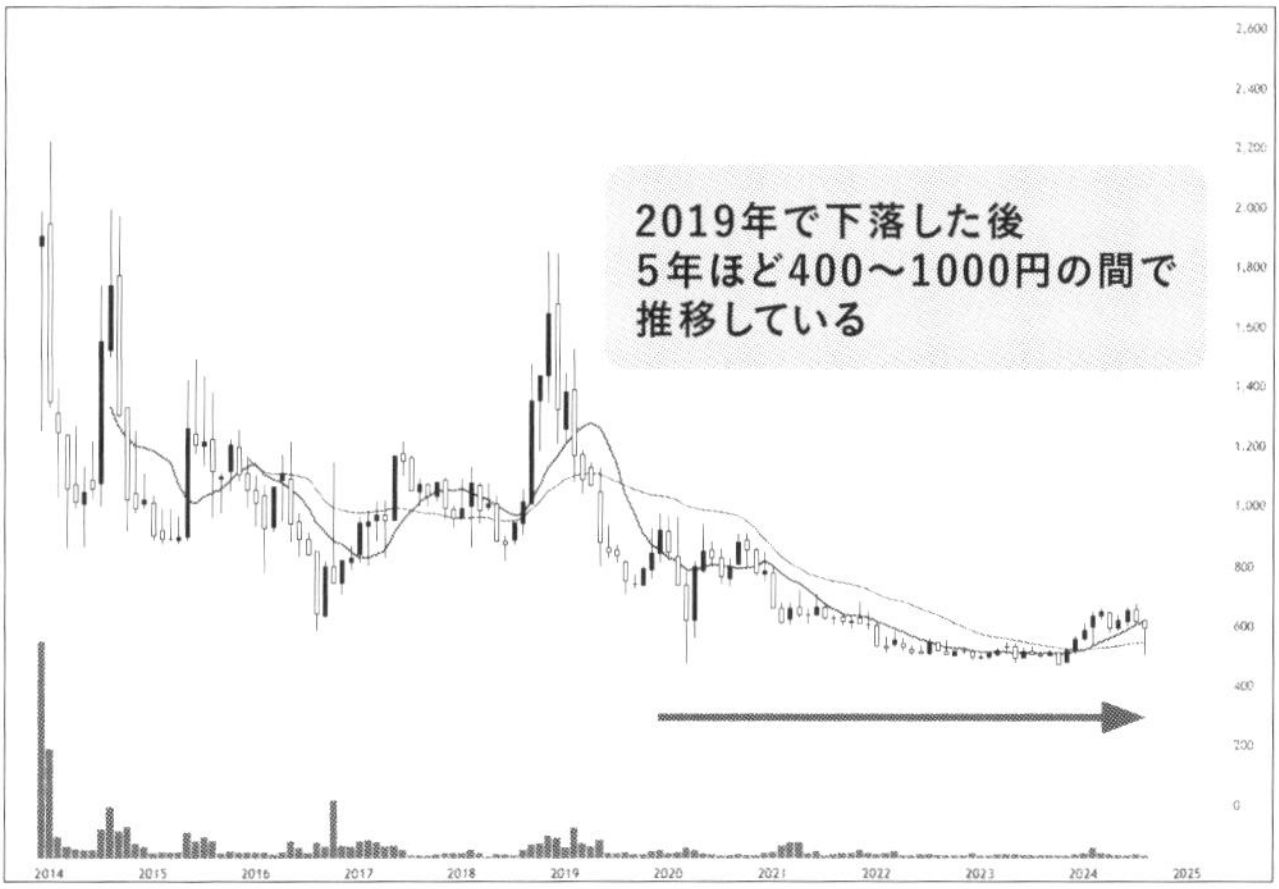

出所：TradingView

を長期的に続けている企業を探してみると、理事長さんが選ぶような銘柄を見つけやすいかもしれません。

両銘柄とも、世間一般的にワクワクするような値動きをしているわけではありませんが、こうした銘柄こそが高い利益をもたらしてくれるでしょう。

投資の肝

地味で退屈な銘柄選びこそ再現性の高い投資

心構え

相場は生き残ることを何よりまず優先する

□相場で生き残ることが最も大事

理事長さんは投資に対して「**損をしても死なないから、そこまで緊張しすぎることはない**」といいます。

少々極論じみているようにも聞こえますが、もちろんやれることはきちんとやったうえで、値動きの激しい銘柄で高レバレッジの信用取引へ手を出さないことが前提となるものの、それでも損失が生活を壊すほど膨れることはない、というのが理事長さんの投資に対する心構えです。とはいえ、損を出したくないと思うのは人間として極めて自然な心理です。だからこそ理事長さんは、「下がらない株」を持つことをすすめています。

買ったときとほぼ値段が変わらない株を現物で持っていて、そこに余剰資金があれば、株式市場から退場させられることはまずありません。勝負は続行できるのです。投資において最も大事なことは「相場から退場しない」、すなわち「相場で生き残っている」ことだと捉えています。

□相場で生き残ってさえすれば儲かる

とりわけ**株式投資は生き残っていれば必ず儲かるようにできている**といいます。配当金を毎期受け取れることに加えて、長い目で見ればインフレがとどまることはなく、株価を含めものの値段は上がり続けるからです。資金が尽きて株式投資から退場させられてしまっては、そうした波に乗ることができなくなってしまいます。だからこそ、生き残ることが何より大事なのだと理事長さんはいいます。

そもそも、現物取引（株式を現金で売買する通常の取引）であれば自分のキャパシティを超えるような損失にはなりません。少なくとも、先に述べたように下がらない銘柄や地味だけど最低限の実力を持った企業（銘柄）を持っていれば、暴落などがあろうが後々に株価は戻るので、なんとか生き残れます。

退屈で安い銘柄を買うという手法は、利益を出すための手法であると同時に、相場で生き残るための手法でもあるのです。

上がる株より下がらない株を見つける

では、そんな「下がらない株」は、どう見つけて選べばよいのでしょうか。ここまで「安い株」についてたびたび言及してきており、それと大きくは変わりませんが、まず**株価が大きく上がったことがない銘柄**です。これが大前提となります。そして、地味で人気がないこと。**出来高が少なく、相場で派手に売買されたことがなければ株価はそもそも安い状態ですから、大きく下がりようがない**といえます。

191ページで紹介したエムスリーのように、株価を大きく上げた後に業績良好であるにもかかわらず株価が大きく下がるようなことがあると、1回目の暴落は持ちこたえられたとしても、2回目の暴落で相場から退場することになります。

理事長さんが影響を受けた林輝太郎氏は、著書のなかで「**銘柄は限定して保有リストに入れ、そのなかで派手に値が動いたものはすぐにリストから外し、上がっていないものを小さい値幅で売買し続ければ、それだけで儲かる**」といった旨を記していたといいます。

儲かるポートフォリオの推移

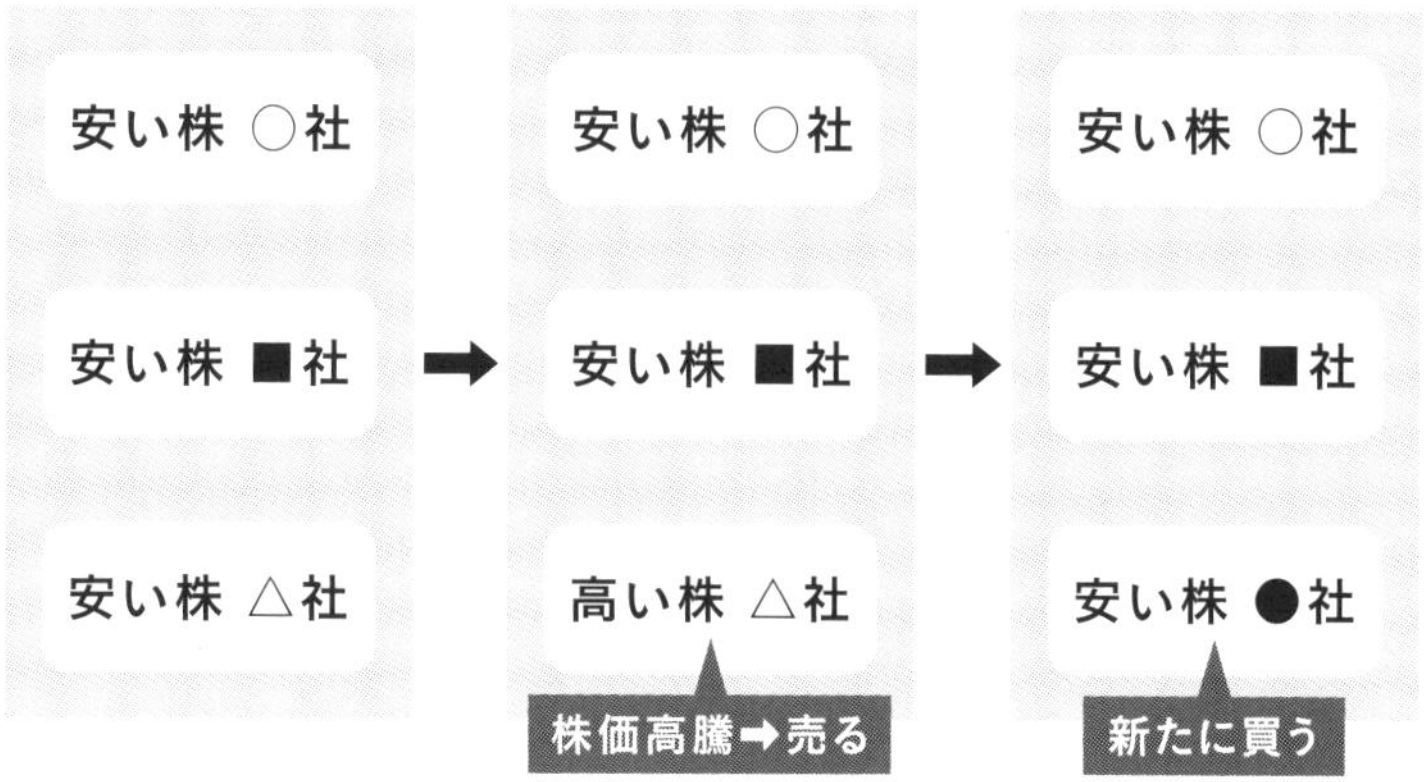

不人気の銘柄を売買するというのは昔から知られた手法のひとつではあるわけですが、現代においても変わらず儲けるために、そして相場で生き残るために有効な手法のひとつであり続けます。

投資の肝

退場しない
ポートフォリオを
組むことを重視する

アドバイス

地道な投資を繰り返して小さな利益を積み上げる

□ 10%を積み重ねる

理事長さんが実践してきたことは、**低リスクかつ再現性が高いため、そのまま初心者でも実践できる手法**です。しかし、派手な大勝ちが期待できるやり方ではなく、地味な作業を繰り返すことになるため、他人にすすめても誰もやりたがらないと理事長さんはいいます。ここであらためて、投資を始めるみなさんがいかに取り組むべきか、お伝えしていきましょう。

理事長さんは投資に関して、**大勝ちは目指さない**ほうがよいといっています。小さくとも確実な利益を上げ続け、地道に儲けを増やしていく。はじめのうちに限らず、投資の戦績は10歩進んで9歩下がるくらいでまったく問題ないといいます。年間の総合利益の9割が減っても1割が残っていれば、それだけで御の字。

一見、年間で利益が1割のみしか増えなかったと捉えてしまいがちですが、それは言い換えれば年率10％あるということです。

投資全般において、まずは年間利回り5％を目指すのが基本とされているため、年間利回り10％は理想的な数字といえます。そのため、**小さな勝ちを取り続けて利益を積み上げることが、地味でありながらも投資で勝つパターン**であることがわかります。

そういったことを踏まえたうえで、投資とは地道なものであるということを常に念頭においておくと、絶対に届かないような雲の上の大勝ちを追うことなく、足元を盤石に固めるような堅実で確実な投資を自然と意識できるようになるでしょう。

◘流行株に夢を見ない

理事長さんにとっての投資対象は**大きな値上りも値下りもなく、誰も見向きもしないような〝地味〟な銘柄**。そんな理事長さんにとって、にわかに投資家たちの脚光を浴びるような「流行株」は絶対に手を出すべきではありません。

世界情勢や経済の動向などの社会的な要因により、世界中の投資家の注目が特定の業界や企業に集まることは常々あります。

そのような世間の注目を集めやすい業界のなかでも理事長さんが**特に敬遠するのが、生物化学を研究する製薬会社や化学系、創薬系統のベンチャー企業、いわゆる「バイオ株」**です。

バイオ株はほかの業界の銘柄よりも、株価の変動が激しいという特徴があります。特に、新薬開発や新技術開発などの開発関連のニュースは世間的に広く関心があり、成功に思いを馳せる投資家や企業も多いためたちまち好材料と捉えられ、凄まじい速度での株価の高騰がしばしば発生します。

しかし、そういった開発関連のニュースによる株価高騰は、角度を変えて考えると、**「まだ利益を出していないのにもかかわらず世間から評価されている状態」**であるとも捉えることができます。

そのような状態は、開発失敗やたび重なる実験の延期などにより株価が大暴落するという、高い危険性を持っている状態であるといえます。

つまり、高値掴みや暴落の危険性が高い上に割高であることが多いため、理事長さんが重視している「総合的に安い株を買う」という考え方と、相容れない銘柄だということがわかるため、理事長さんの投資の対象からは外れてしまうのです。

もちろん、すばらしい結果を出して大きな成長を遂げたバイオベンチャーの事例は多々あります。しかし**それを見抜くことは一般の個人投資家には難しく、投機的なものになってしまう**ため、初心者が取り組む投資とはかけ離れています。

また、バイオ株に限らず、流行株にはこういった特徴が多々見受けられます。世間的な注目を集め過ぎたがゆえに、連日ストップ高を経た結果、不相応に高い価格帯で株価が推移してしまっているような銘柄です。

このような銘柄に関しても、その先で本当に急成長する可能性もあるため、テンバガーなどの大勝ちに思いを馳せたくはなります。しかし、長期的に安定した利益を積み上げるためならば、そういった銘柄に手を出さずに、特に注目を集めておらず値動きも少ないような地味な銘柄を選ぶほうが、はるかに安全だと理事長さんは考えています。

企業の将来は誰にもわからない

銘柄の株価がどう動くかが読めないように、企業そのものの経営も今後どうなっていく

投資初心者が実践したい3カ条

① **注目度が低い安い株を買う**
➡これまであまり売買されていない株を選ぶ

② **注目される流行株は避ける**
➡相場を読めない。夢を見て投機的になる

③ **売買タイミングより銘柄選びを重視**
➡安い株であれば株価は下がらない

かはわからないものです。

理事長さんはそういったことに関して、恐らくその企業の中心に立つ経営陣ですら、3年後の企業の経営状況は読めないだろうと考えています。

基本的なことですが、企業の業績と株価は大枠では連動しています。つまり、片方の将来がわからなければ、もう片方の将来も読めないということです。

「何年も先のことはどちらも読めはしない。株とはそういう、なんだかよくわからないゲームでもある」と理事長さんはいいます。

そういう、誰も彼もがよくわからないゲームをしているのだから、確実な最低限の戦いをしていくことがいちばん強い、というのが理事長さんの考えです。

だからこそ、トップでバチバチと火花を散らすような派手な展開はなく、**地味でつまらない退屈なゲームである**といいます。そうして継続していくこと、継続して小さな勝ちを積み重ねていき、そのゲームのなかで生き残ることが前提かつ最重要なことであるとわかります。

繰り返し伝えてきているように、これらが投資において最も重要なポイントです。ローマは1日にしてならず。株式投資も同じことで、日々の地道な努力の積み重ねが、最も大切なことだと理事長さんはいいます。

これらが、理事長さんが考える株式投資の原理の部分であるといえます。

投資の肝

地味な取引を繰り返して相場を生き残る

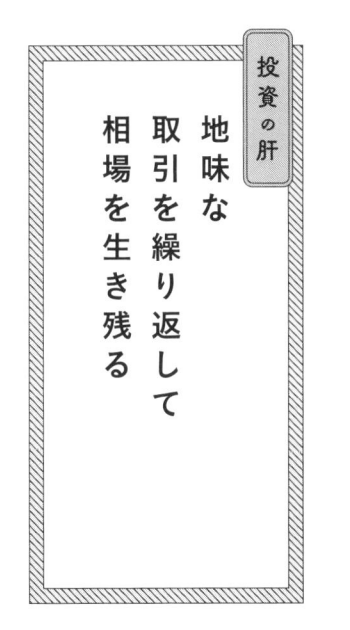

さ行

索引

ま行

や行

ら行

わ行

た行

な行

は行

60歳から1億円をつくる
シニア株式投資の極意

2024年10月５日　第１刷発行

著者　かんち、今亀庵、理事長、Nob、Yoshi
発行人　関川 誠
発行所　株式会社 宝島社
〒102-8388　東京都千代田区一番町25番地
電話　[営業]03-3234-4621
[編集]03-3239-0646
https://tkj.jp
印刷・製本　中央精版印刷株式会社

Printed in Japan
ISBN978-4-299-06028-0